生物科学综合实验指导

赵立青　张金红　主编

科学出版社

北　京

内 容 简 介

生命科学是一门实验性科学，为顺应时代发展，培养具有较强综合分析问题、解决问题能力的高素质生命科学研究人才，南开大学为本科生开设了"生物科学综合实验"课程，实验内容主要选自任课教师的科学研究或教改成果、大学生创新科研项目成果、相关领域的最新技术及传统特色学科成果等。在几轮教学实践的基础上，作者总结、编写了本书。本书内容丰富，涵盖生物化学、分子生物学、细胞生物学、遗传学、植物学、动物学、微生物学、基因工程等多学科理论及技术。实验项目编排以科研成果为基础，紧密结合科研实际，将基础技能的综合运用与解决实际问题相结合，同时兼顾生命科学领域研究技术的新进展。使用者可根据专业性质和教学条件选择适当的内容安排。

本书可供高等院校生命科学类相关专业学生使用，也可供其他专业人员参考。

图书在版编目(CIP)数据

生物科学综合实验指导/赵立青，张金红主编.—北京：科学出版社，2016
ISBN 978-7-03-050554-5

Ⅰ.①生… Ⅱ.①赵…②张… Ⅲ.生物学-实验 Ⅳ.Q-33

中国版本图书馆 CIP 数据核字(2016)第 268049 号

责任编辑：刘 畅 / 责任校对：李 影
责任印制：张 伟 / 封面设计：迷底书装

科学出版社 出版
北京东黄城根北街 16 号
邮政编码：100717
http://www.sciencep.com
北京凌奇印刷有限责任公司印刷
科学出版社发行 各地新华书店经销

*

2017 年 1 月第 一 版　开本：720×1000 1/16
2024 年 8 月第三次印刷　印张：8 3/4
字数：167 000
定价：39.80 元
(如有印装质量问题，我社负责调换)

前　言

　　综合性实验课程是高等学校顺应新世纪社会和科技发展对人才培养要求的产物，各级各类学校均以不同形式开设了此类课程。"生物科学综合实验"是南开大学生物科学专业本科生必修的综合性实验课程。课程起始于2009年，经过几年的教学实践与改革，已建立三十余项涵盖生物化学、分子生物学、细胞生物学、遗传学、植物学、动物学、微生物学、基因工程等多学科理论及技术的实验项目库，在此基础上，我们编撰出《生物科学综合实验指导》一书。

　　本着培养学生探究精神、科学思维及综合实践能力的主旨，本书在实验内容的选择上体现三个特色：第一，突出基础技能与解决实际问题相结合，引导学生有效地综合运用多种实验技术方法，解决科学研究中的问题；第二，紧密结合科研实际，注重科研成果转化，将适宜本科实验操作的教师研究成果或部分科研内容纳入教材；第三，体现生命科学研究的新技术，引领学生进入生物技术前沿，增长见识，开阔视野。

　　本书涵盖30个独立实验项目，由南开大学生物实验教学中心各学科多位教师共同编写。其中，实验一由赵忠芳老师编写，实验二、实验十七由赵强老师编写，实验三由卜文俊、石雪芹老师编写，实验四由于昕老师编写，实验五、实验六由刘燕强、刘巍老师编写，实验七由江莎、沈广爽老师编写，实验八由陈磊老师编写，实验九、实验十一由赵念席老师编写，实验十由朱晔荣老师编写，实验十二由白艳玲老师编写，实验十三、实验十四由门淑珍老师编写，实验十五由吴卫辉老师编写，实验十六由吴震州老师编写，实验十八由宋文芹、王宏刚老师编写，实验十九由陈成彬老师编写，实验二十、实验二十一由王宏刚、宋文芹、陈成彬老师编写，实验二十二由李登文老师编写，实验二十三、实验二十四由王春国老师编写，实验二十五由赵立青老师编写，实验二十六由赵立青、陈容容老师编写，实验二十七由周浩老师编写，实验二十八由朱正茂老师编写，实验二十九由张金红、邓飞、赵玉红老师编写，实验三十由安军老师编写。

　　本书的出版得到南开大学实验教学中心和南开大学教务处的经费资助，在此表示衷心的感谢。

　　本书编写力求严谨、准确，但鉴于我们的水平有限，难免会有不当之处，恳请同行和读者批评指正。

编　者

2016年10月于南开园

目 录

前言

实验一　小鼠的形态与结构 ⋯⋯⋯⋯⋯⋯⋯⋯⋯⋯⋯⋯⋯⋯⋯⋯⋯⋯⋯⋯⋯ 1
实验二　小鼠重要脏器石蜡切片和苏木精-伊红染色与观察 ⋯⋯⋯⋯⋯⋯⋯ 6
实验三　昆虫标本的采集、制作与分类鉴定 ⋯⋯⋯⋯⋯⋯⋯⋯⋯⋯⋯⋯⋯ 12
实验四　应用蜻蜓成虫对天津市区水环境进行生物监测与评价 ⋯⋯⋯⋯⋯ 18
实验五　小鼠学习记忆能力及其影响因素的观测 ⋯⋯⋯⋯⋯⋯⋯⋯⋯⋯⋯ 20
实验六　膜片钳实验四种记录模式的建立和神经细胞通道电流的记录 ⋯⋯ 24
实验七　植物石蜡切片的制作 ⋯⋯⋯⋯⋯⋯⋯⋯⋯⋯⋯⋯⋯⋯⋯⋯⋯⋯⋯ 28
实验八　植物群落的物种多样性分析 ⋯⋯⋯⋯⋯⋯⋯⋯⋯⋯⋯⋯⋯⋯⋯⋯ 32
实验九　干旱胁迫对羊草生理生化性状的影响研究 ⋯⋯⋯⋯⋯⋯⋯⋯⋯⋯ 35
实验十　不同光周期处理对浮萍淀粉积累的影响 ⋯⋯⋯⋯⋯⋯⋯⋯⋯⋯⋯ 42
实验十一　植物硝酸还原酶活性的测定 ⋯⋯⋯⋯⋯⋯⋯⋯⋯⋯⋯⋯⋯⋯⋯ 45
实验十二　叶绿体分离与体外转化 ⋯⋯⋯⋯⋯⋯⋯⋯⋯⋯⋯⋯⋯⋯⋯⋯⋯ 50
实验十三　拟南芥突变体表型分析及基因型鉴定 ⋯⋯⋯⋯⋯⋯⋯⋯⋯⋯⋯ 55
实验十四　在烟草叶片中瞬时表达研究蛋白质的亚细胞定位 ⋯⋯⋯⋯⋯⋯ 61
实验十五　病原菌毒力因子的调控及细胞毒性测试 ⋯⋯⋯⋯⋯⋯⋯⋯⋯⋯ 65
实验十六　乳酸链球菌产乳链菌素 Nisin 的定量检测 ⋯⋯⋯⋯⋯⋯⋯⋯⋯ 70
实验十七　人、小鼠、鸡和两栖类动物外周血细胞形态与结构的比较性研究 ⋯ 75
实验十八　细胞凋亡检测 ⋯⋯⋯⋯⋯⋯⋯⋯⋯⋯⋯⋯⋯⋯⋯⋯⋯⋯⋯⋯⋯ 77
实验十九　不同药物处理后对肿瘤细胞生长活力的影响 ⋯⋯⋯⋯⋯⋯⋯⋯ 81
实验二十　电击诱导动物细胞融合技术 ⋯⋯⋯⋯⋯⋯⋯⋯⋯⋯⋯⋯⋯⋯⋯ 85
实验二十一　间接免疫荧光技术观察细胞中的内质网 ⋯⋯⋯⋯⋯⋯⋯⋯⋯ 88
实验二十二　利用免疫荧光标记技术研究细胞有丝分裂 ⋯⋯⋯⋯⋯⋯⋯⋯ 91
实验二十三　理化诱变处理对哺乳动物细胞微管骨架的影响 ⋯⋯⋯⋯⋯⋯ 96
实验二十四　肿瘤细胞染色体组蛋白(H3K4)双甲基化修饰的免疫荧光检测 ⋯ 98
实验二十五　小鼠肺组织切片 Galectin-1 基因表达的免疫组织化学检测 ⋯ 102
实验二十六　二维电泳检测热休克处理对细菌蛋白表达谱的影响 ⋯⋯⋯⋯ 106
实验二十七　用 AKTA prime plus 蛋白质层析系统纯化绿色荧光蛋白(GFP) ⋯ 113

实验二十八　竞争性等位基因特异性PCR检测单核苷酸多态性 …………… 120
实验二十九　高压液相色谱法在食品安全、农药残留等分析中的应用 ……… 126
实验三十　静电纺丝纤维膜的制备及其细胞亲和性评价…………………… 130

实验一　小鼠的形态与结构

一、实验目的与要求

1. 学习对小鼠的抓取与保定方法。
2. 学习小鼠的外部形态与内部结构。

二、实验原理与技术应用

小鼠属于脊索动物门脊椎动物亚门哺乳纲啮齿目鼠科。由于小鼠体形小、饲养管理方便、易于控制、生产繁殖快、有规范的质量控制标准,已拥有大量的近交系、突变系和封闭群,在各种实验研究中,用量最大、用途最多。小鼠是生物科学和医学基础研究常用的实验动物,对小鼠的形态与结构的认识是相关科学研究的基础。小鼠的品系很多,科研研究目的不同,所选的小鼠品系不一样。

三、主要仪器设备

鼠笼、解剖器械、大头针、解剖盘、烧杯、棉花、棉线手套、乳胶手套。

四、实验动物与试剂

实验动物:小鼠
试剂:碘酒、75%乙醇

五、实验方法与操作步骤

（一）小鼠的外部形态

外部形态观察:分为头、颈、躯干、四肢和尾5部分。

头:小鼠的面部长形,嘴脸前部有长长的触须;眼有上、下眼睑;一对耳,耳廓大而薄;鼻孔1对,鼻孔下方为口。

颈:颈部明显,活动自如。

躯干:躯干长而背面弯曲;腹面末端有外生殖器和肛门;成熟雌鼠乳腺发达,胸部和腹部有较明显的乳头。

四肢:前肢肘部向后弯曲,具5指;后肢膝盖向前弯曲,具5趾;指(趾)端具爪。

尾:尾长约与体长相等,有平衡、散热和自卫功能。

健康小鼠一般应体型正常,背部不弓起,体肌丰满,运动快速、活泼有力;反应敏捷,食欲旺盛;被毛浓密有光泽,呼吸正常,孔腔无分泌物。

（二）小鼠的抓取

抓取与保定小鼠时应该避免被小鼠咬伤或抓伤，也不能伤害小鼠，影响实验。抓取时使小鼠头部不能转动，抓取部位不能离头部太远，太远小鼠就能够回头，容易伤人。抓取时，要对动物温和，如果动物受到惊吓，立即放回笼内，换一只抓，几分钟之后，动物就会熟悉。

用一只手提起小鼠的尾巴，放在鼠笼不锈钢丝笼盖上，小鼠作势向前爬行，略微提起小鼠的尾部，使两后肢不能用力。另一只手拇指与食指抓住两耳之后头颈部的皮肤，将小鼠拎起，翻过来使其腹面向上，小指和无名指将小鼠的尾根部勾住，轻抓小鼠尾巴。

（三）小鼠雌雄的鉴别

成年的雄鼠和雌鼠比较容易鉴别。雄鼠有明显外露的阴囊和睾丸，雌鼠腹部有明显的乳头。外生殖器与肛门之间距离的长短也可以作为鉴别特征。同龄的幼鼠，二者之间距离长的是雄性，距离短的是雌性；有明显生殖突起的是雄性，没有的是雌性；雄性生殖开口呈圆柱状，雌性生殖开口呈劈裂状。学习鉴别方法应该先观察成年鼠的性别特征，然后再观察和测量幼鼠。

（四）小鼠的处死

通常处死小鼠应该尽量减轻小鼠的疼痛感，使其死前不能有痛感和恐惧感。处死动物应该以最轻的疼痛和最短的时间使动物失去知觉和痛觉的方法来处理。可以使用60%二氧化碳和氧气混合气体、氮气、一氧化碳等气体吸入后死亡；也可以使用巴比妥盐类静脉注射使之深度沉睡死亡；也可以先麻醉，然后放血使其死亡；或者先麻醉，之后用颈椎脱臼法使之死亡。根据实验取材不同，选择不同的处死方法。颈椎脱臼法比较常用，把小鼠置桌面上，一只手用拇指和食指捏住小鼠头的后部（颅骨基部），稍用力下压；另一只手抓鼠尾，稍用力向后上方拉，两手同时用力，即可使小鼠颈椎脱臼，瞬时死亡。

（五）小鼠的内部解剖

将处死的小鼠放在75%乙醇消毒液里浸泡几分钟之后取出，放在解剖盘上，腹面向上，展开四肢，用大头针固定脚掌。沿腹中线剪开皮肤，前至下颌底、后至外生殖器前缘；剥离皮肤后，将剥开的皮肤向外侧展开固定。

沿腹中线剪开腹壁肌肉至剑状软骨，沿膈肌边缘剪开体壁肌肉，将腹部肌肉展开固定。观察完膈肌后，沿边缘剪开膈肌，再沿胸骨两侧剪断肋骨，移除胸骨。

在剪断第1肋骨的胸肋段时，注意避免伤及心脏底部发出的血管。分离颈部的气管与其背面食管之间的结缔组织至胸腔。

1. 消化系统

口腔：剪开口角颊部皮肤，剪断下颌骨与头骨的关节，打开口腔。口腔底有肌肉质舌，上、下颌各有 2 个门齿和 6 个臼齿，无犬齿和前臼齿，门齿尖利。

消化腺：包括**唾液腺**、**肝脏**和**胰脏**。唾液腺中颌下腺 1 对，较大，近圆形，粉色，位于颌部腹面；1 对较小的舌小腺，位于颌下腺的外侧上方；1 对腮腺，位于耳的基部，似脂肪。肝脏在腹腔内，位于膈肌正后方，分为中央叶、左叶、右叶和尾叶。左、右肝叶之间是梨形胆囊。**胰脏**位于胃与十二指肠弯曲处，粉红色。

消化管：**食管**位于气管背面，后行穿过横膈肌与胃相连。**胃**呈弯曲袋状，可分为灰白色半透明状的贲门部和不透明的幽门部。**小肠**分为十二指肠、空肠和回肠。**十二指肠**紧接胃，其后为颜色偏红的**空肠**和内容物较多的回肠。**大肠**分为盲肠、结肠和直肠，**盲肠**是一个短的盲管，位于回肠和结肠之间。**结肠**较粗，**直肠**进入盆腔，开口于肛门。

2. 循环系统

心脏位于胸腔内的膈肌之前，略呈倒圆锥形。心脏的上半部被胸腺覆盖，胸腺是小鼠的免疫器官，幼鼠的胸腺粉红色，成年小鼠的胸腺偏白色。移去胸腺后，用眼科镊子和眼科剪子剪开心包膜，可见分界清晰的两个心房和两个心室，左心室的肌肉壁最厚。仔细分离与心脏相连的大血管周围结缔组织，观察心脏及与心脏相连的大血管。从**体动脉弓**向左后方弯转的弓形处向前发出 3 支动脉，自右向左分别为**无名动脉**、**左总颈动脉**和**左锁骨下动脉**。无名动脉向前延伸不久即分成两支，即**右总颈动脉**和**右锁骨下动脉**。

3. 呼吸系统

在颈部可以观察到有软骨环支撑的气管。将心脏翻向前方，可观察气管后行进入胸腔后分为左、右支气管，分别通入两肺。左、右肺分别位于胸腔两侧，淡红色，海绵状，其中左肺 1 叶，右肺 4 叶。

4. 排泄系统

在腹腔背壁，左、右两侧各有 1 个肾脏，右肾比左肾的位置略高，肾上方有淡黄色的肾上腺。肾包裹于肾脂肪囊内，剥离肾门附近的脂肪组织，观察由肾门发出的输尿管，输尿管下行通入膀胱，膀胱开口于尿道。

剪开耻骨联合，剥离结缔组织，观察雌性尿道开口于阴道前庭，雄性尿道通入阴茎，开口于体外，兼有输精功能。

5. 生殖系统

(1) 雄性生殖器官

睾丸：1 对，椭球形，位于下腹部的阴囊内。用小镊子夹住精索，将睾丸、附睾等从阴囊内拉出，观察睾丸、附睾、输精管等结构。

附睾 1 对，分为附睾头、附睾体和附睾尾，附睾头紧附于睾丸上后缘，附睾体沿睾丸外缘下行，尾部延伸与输精管相接。附睾内的管道是弯曲的，输精管较直。

输精管：1 对，开口于尿道。

阴茎：为交配器官，顶端开口为尿道口。

副性腺：将小鼠的耻骨剪开，暴露出尿道的背面，观察副性腺，包括精囊腺（精囊）、凝固腺、前列腺和尿道球腺等。

精囊腺（精囊）：1 对，乳白色，位于尿道前端，在膀胱和输精管通入尿道处的背后开口于尿道。

凝固腺：附着在精囊腺内侧的半透明腺体。

前列腺：位于精囊腺的后部、尿道的前端，分多叶，稍带红色，其通入尿道的开口不明显。

尿道球腺：1 对，近白色椭球形腺体，位于尿道较下部，嵌在尾基部的尾椎和腹部肌肉之间，将该处肌肉撕开即可见。

包皮腺：1 对，扁圆形，位于阴茎基部两侧的包皮下，剪开阴茎包皮观察。

（2）雌性生殖器官

卵巢：1 对，位于腹腔背壁两侧肾后方。

输卵管：1 对，盘绕紧密，包围着卵巢。

子宫和阴道：输卵管后端膨大部分为子宫，左右子宫各以子宫颈连通阴道，阴道开口于体外。

在阴道口的腹面稍前方有一隆起，为阴蒂。

6. 免疫器官

胸腺：位于小鼠胸骨后，心脏前上方。幼鼠的胸腺分 2 叶，淡红色，覆盖在心脏的上半方，成年鼠的胸腺颜色比较淡，类似脂肪。

脾脏：将胃拨到右侧，在其左侧可以见到红褐色长椭圆形的脾。

7. 中枢神经系统

剥除头部皮肤和肌肉，用金冠剪从鼻腔位置开始。小鼠的头骨骨片较薄，剪时要小心。移除小鼠头部骨片后，用解剖针在脑的四周轻轻剥离，使脑与头骨基部分离。切断脑下方的脑神经，取出脑，放入清水中，以免干燥。

（1）脑的背面观（由前向后观察）

嗅叶：1 对，位于大脑之前端。

大脑半球：占全脑的大部分。两大脑半球之间有一纵裂，在纵裂深处有白色连合组织称为胼胝体，将两半球连接在一起。在纵裂的后端可看到由间脑发出的松果体。

中脑：将大脑和小脑相接处用镊子轻轻掀开，可见中脑，包含 4 个球状隆起，即四叠体。

小脑：位于中脑后丘之后，在脑桥和延髓背侧，分为中间的**小脑蚓部**和两侧的**小脑半球**。

延脑：脑的最后部分，背侧有一明显的菱形沟窝。与脊髓相连，将小脑稍提起，即可见延脑背部的**后脉络丛**。

(2) 脑的腹面观

梨状叶：大脑腹面向外扩大的突起被称为梨状叶。

视神经交叉：位于间脑腹面，为一对粗大的神经。

脑下垂体：视神经交叉后，为一圆形突起。

大脑脚：脑下垂体的后方，中脑的腹面。

脑桥：位于小脑腹面隆起的部分。

(3) 脑的正中矢状面观

沿着脑的背中线作纵切，可观察到以下结构：

胼胝体：两大脑半球的连接处。

侧脑室：由胼胝体处向内陷入的空腔即为侧脑室。

第三脑室：也是间脑室，为前连合之后的一个狭窄的腔。

大脑导水管：为已被切开中脑中间的空隙，沟通第三与第四脑室。

小脑：由切面上可看到小脑灰质中有白质深入，树枝状，构成**小脑髓树**。

第四脑室：为延脑中的空隙，上面覆盖着后脉络丛。

六、思考题

1. 总结小鼠的解剖特点。
2. 总结小鼠的哪些方面能够代表哺乳动物的进步性特征？

参 考 文 献

黄诗笺，卢欣. 2001. 动物生物学实验指导. 北京：高等教育出版社.
刘凌云，郑光美. 2009. 普通动物学实验指导. 北京：高等教育出版社.
南开大学实验动物解剖学编写组. 1980. 实验动物解剖学. 北京：人民教育出版社.

实验二　小鼠重要脏器石蜡切片和苏木精-伊红染色与观察

一、实验目的与要求

1. 学习与掌握小鼠重要脏器的石蜡切片和苏木精-伊红（hematoxylin-eosin，HE）染色技术。
2. 初步了解小鼠重要脏器的光学显微镜下结构。

二、实验原理与技术应用

石蜡切片技术是组织学、发育生物学研究的主要实验方法，同时也是病理组织学观察器官和组织病理变化的最常用实验手段，该技术被广泛地应用于临床病理诊断、教学和科研工作中。动、植物标本的形态学观察、免疫组化、原位杂交及原位PCR等技术手段，都离不开对标本组织的处理和石蜡切片的制作。随着新的仪器和新的研究技术的不断问世及使用，石蜡切片与其他新的技术方法相结合，使传统的老技术扩大了应用范围，开辟了许多新领域，增加了许多新的观察和研究内容；使组织学的观察研究从简单的形态结构深入到各种成分的定性观察，又从定性转向定量计测，将细胞组织的形态、功能及代谢相结合，从而达到定性可靠、定位准确及定量可测，使我们能很好地了解细微层面上生命变化的基本规律。

石蜡切片-HE染色技术是发育生物学、细胞学、组织学和病理组织学应用最为广泛的核心技术，具有较强的实验性和经验性。

常规石蜡切片的制作过程包括实验设计、石蜡组织块制作、切片和染色。具体的制作过程是：取材→固定→冲洗→脱水→透明→浸蜡→包埋→切片→贴片→烤片→染色→封固。

该实验经过下述操作步骤，即实验设计、取材、固定、脱水与包埋、切片、HE染色和封片等步骤，制备出永久保存的切片。借用光学显微镜，观察者对切片的镜下结构进行观察与分析，并做出这是什么器官或组织、该器官或组织是否有病理改变的诊断。

下面简述具体各步骤的实验原理。

固定：其目的是尽可能保持活体器官与组织的固有形态结构与位置。具体操作是将器官或组织置于特定固定液中。固定液可迅速凝固或沉淀细胞和组织中的各种成分、终止细胞的一切代谢过程并防止细胞或组织自溶等变化；固定剂还能使组织硬化，这有利于切片的进行；固定剂也有一定的媒染作用，有利于组织着色。

固定剂的种类有多种,应根据不同的组织和实验目的来选择。最常用的固定剂是10%中性福尔马林(即4%甲醛PBS液)和4%多聚甲醛PBS液。

脱水:因为大部分透明剂是苯类,而苯类和石蜡又均不与水融合,如不除去器官和组织内水分就无法进行随后的透明、浸蜡与包埋。水分若不脱尽,则苯类不能浸入。乙醇为常用脱水剂,它既能与水相混合,又能与透明剂相混合。为了减少器官和组织的急剧收缩,请按照从低浓度到高浓度,即脱水剂浓度递增的顺序对器官和组织进行脱水。

透明:因为无水乙醇不能与石蜡相溶,因此多用能与乙醇和石蜡都相溶的媒浸液,如二甲苯,替换出组织内的乙醇。二甲苯是最常用的脱水剂。

浸蜡:这是将经过脱水、透明后的器官和/或组织置入石蜡中,使组织变硬而利于切片的过程。一般要经过3次浸蜡过程。本实验室最常用蜡的熔点是58~60℃。

包埋:借用特定的包埋模具,将透明后的器官或组织置入液状石蜡中做成具有一定几何形状的蜡块即包埋。石蜡是组织切片技术中应用较为广泛的包埋剂。

切片:使用石蜡切片机切出4~6μm厚的蜡片,借用水浴展片机和烤片机将蜡片贴放于洁净的载玻片后进行烤片。

染色:组织或细胞的许多结构在自然状态下是无色或带有很淡的颜色。染色的目的是使组织或细胞的某一部分染上与其他部分不同深度的颜色或不同的颜色,使组织或细胞内各部分的构造可被清楚地显示出来,产生不同的折射率,以便利用光学显微镜进行观察与研究。

苏木精-伊红(hematoxylin-eosin)染色法,简称HE染色法,是石蜡切片技术里最常用的染色法之一。苏木精液是带有阳离子的染料,所配制的苏木精染液呈碱性,核内染色质及胞质内核糖体等物质对这类染料具有高亲和性,这些结构被染成蓝色或紫蓝色,故称这些结构具有嗜碱性。而伊红液是带阴离子的染料,所配制的伊红染液呈酸性,细胞质、膜成分及细胞外成分对这类染料具有高亲和性,这些结构被染成粉红色,故称这些结构具有嗜酸性。而对碱性染料和酸性染料亲和力都比较弱的物质或结构被称为具有中性。染色液的pH可以影响切片的染色反应。

石蜡切片技术和HE染色技术在组织胚胎学、病理组织学与各学科的形态学研究中是最核心和最基础的光学制片及染色技术。在此基础上进行的普通细胞和组织化学技术、免疫组织化学技术与原位杂交技术等,在各种病理模型制备、新药开发、器官重构、抗癌机理研究、病原体致病与耐药机制探究和各种疫苗的开发等许多研究过程中都发挥重要作用。

经上述步骤,制备出的切片能永久保存,借用光学显微镜,观察者可以对切片的镜下结构进行观察与分析,并做出该器官是何种器官、是否有病理改变的诊断。

有关小鼠各重要脏器的光学显微镜下的结构特点,建议同学们参考有关的理论书籍。

三、主要仪器设备

1. Leica ASP 200S 全自动石蜡脱水机
2. Leica EG 1150 H+C 石蜡包埋机
3. Leica RM 2235 石蜡切片机
4. Leica 水浴展片机
5. Leica 烤片机
6. 60℃烘箱
7. HE 染色系列等

四、实验动物、试剂与耗材

1. B6 小鼠若干只
2. 麻醉剂:7.5%水合氯醛、20%乌拉坦和乙醚等
3. 固定剂:10% 中性福尔马林液(即 4%甲醛 PBS 液,pH 7.2~7.4)、4%多聚甲醛 PBS 液(pH 7.2~7.4)
4. pH 7.2~7.4 的 PBS 液
5. 切片下行脱蜡与水化系列
6. 包埋剂:石蜡
7. 苏木精染液
8. 0.5%盐酸乙醇分色液(用 70%乙醇配制)
9. 0.5%氨水返蓝液
10. 水溶性伊红染液
11. 切片上行乙醇脱水系列
12. 封片剂:液态中性树胶
13. 载玻片、盖玻片、染色缸、染色架、小毛刷和铅笔等。

五、实验方法与操作步骤

1. 取材

处死动物的方法可依据取材器官的不同而有所不同,如静脉放血、颈髓横断、腹腔注射麻醉剂和麻醉剂吸入等。较常用的麻醉方法是腹腔注射麻醉剂,如 7.5%水合氯醛腹腔注射麻醉,25g 小鼠用量 200μL。

麻醉指征:小鼠呼吸变浅、慢,有心跳,小鼠痛觉消失(用镊子夹捏小鼠肢体末端无痛感)。也可用颈髓横断的方法处死小鼠。

迅速解剖以取得制片用的相应器官和组织,如小鼠乳腺、心脏、肝脏、脾脏和肾脏等。

2. 固定

固定分为前固定和后固定。

(1) 前固定：多用10%的中性福尔马林，或用4%多聚甲醛PBS液固定4～6h，4℃冰箱保存。所取器官和/或组织与固定液体积比是1∶10。请注意，动物器官或组织不能紧贴固定用瓶的瓶壁。

也可在动物被麻醉致死前，采用左心室体循环灌流方式进行前固定，即先用肝素抗凝的15～20mL的PBS液(pH 7.2～7.4)预灌流，随后再用15～20mL的4%多聚甲醛PBS液灌流。

(2) 后固定：前固定后，更换新固定液，继续固定12h。

固定完成后，用PBS缓冲液洗两次，每次0.5h，最好使用摇床振荡加以洗涤。随后对实验器官进行修块，最短边不大于3mm。

3. 脱水与透明

应用自动脱水机完成此步骤。

4. 包埋

提前打开包埋机，预热包埋模具和石蜡。将实验器官和组织置于特定模具内，使其最大面贴于模具底面且位居正中放入包埋用蜡，确定器官和组织位置后，置于冰台上凝固。

5. 切片、展片、捞片和烤片

使用石蜡切片机等设备完成切片、展片、捞片和烤片。切片厚度5μm。

6. 脱蜡水化过程

将切片依次放入下述溶液：二甲苯1，15min；二甲苯2，15min；100%乙醇1，15min；100%乙醇2，10min；95%乙醇，10min；80%乙醇，5min；70%乙醇，5min；37℃水洗切片5min，不可用水流直面切片组织，以免冲掉切片；蒸馏水常温或37℃水浴2～5min。

7. HE染色

浸切片于苏木精液中染色2min，随后37℃流水冲洗以达到分色至无蓝色的目的(镜检标准：深蓝色，胞质无色)；或应用盐酸乙醇分化和氨水返蓝的方法。随后浸切片于2%伊红水溶液4min；37℃水冲洗3～5min至冲后的水无色(镜检时胞质呈粉红色为佳)。

请注意，染色时间和分色程度与季节(室温)的不同、染色液已被使用的时间长短和所染切片数量的多少等有关，请灵活掌握。

8. 脱水、透明和封片

浸入液体：70%乙醇，10s；85%乙醇，10s；95%乙醇，10s；100%乙醇1，10s；100%乙醇2，3min；100%乙醇3，3min；二甲苯1，5min；二甲苯2，5min；最后两步要求二甲苯液中严格无水。

封片时,保证切片未干,以防组织卷曲。选择大小适宜的盖玻片,使组织周围有 2mm 空白被覆盖。滴适量中性树胶于载玻片器官上,封片初始时盖玻片平面与载玻片平面呈 30°,自下至上轻轻盖上盖玻片,应避免产生气泡。

9. 镜下观察有关脏器结构

学生可以根据自己的兴趣对所制备的小鼠脏器进行制片和观察,如淋巴结、乳腺、肝脏和脑等器官。制备好的切片染色效果请参考下面的图 2-1 和图 2-2。

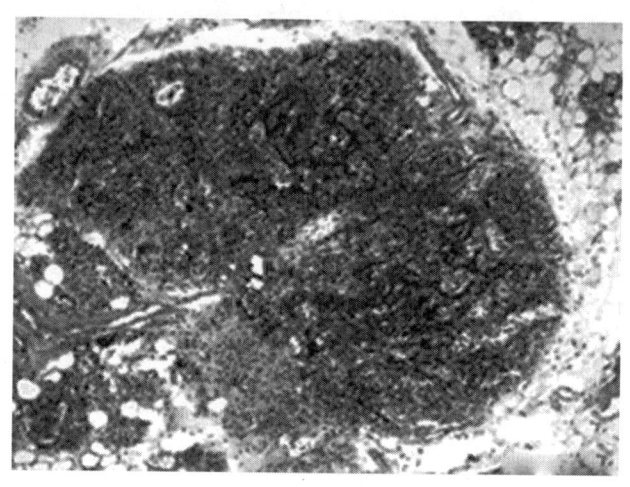

图 2-1 小鼠淋巴结 HE 染色(100×)

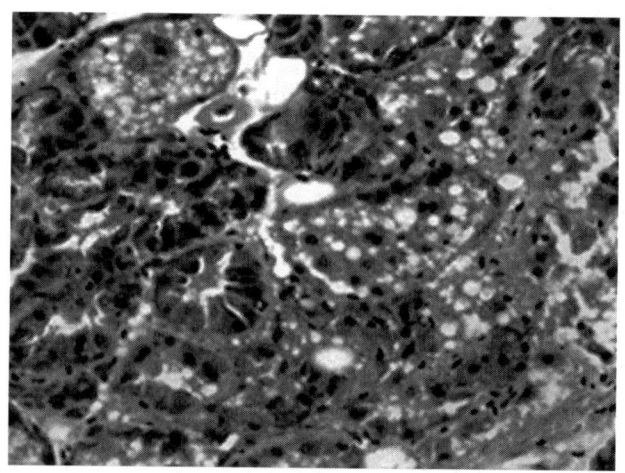

图 2-2 小鼠乳腺泌乳期第 21 天的 HE 染色(400×)

六、思考题

1. 处死动物的常用方法有哪些？如何根据取材部位和实验目的的不同决定处死动物的方法？
2. 最常用的固定剂包括哪些？如何决定所使用固定剂的种类？
3. HE 染色的染色原理是什么？
4. 健康小鼠乳腺、淋巴结、肝脏和大脑等器官的光学显微镜下结构是怎样的？

参 考 文 献

侯春春,徐水. 2009. 浅析影响石蜡切片质量的关键因素. 中国农学通报,25(23):94-98.

倪灿荣,马大烈,戴益民. 2006. 免疫组织化学技术及应用. 北京:化学工业出版社.

芮菊生,杜懋琴,陈海明. 1980. 组织切片技术. 北京:人民教育出版社.

郑伟. 2006. 苏木精染液中媒染剂用量的探讨. 解剖学杂志,29(1):21-29.

Avwioro G. 2011. Histochemical uses of haematoxylin-A review. JPCS,1:24-34.

Ovalle WK, Nahirney PC. 2014. Netter's Essential Histology: with Student Consult Access, 2e. Saunders Elsevier.

实验三　昆虫标本的采集、制作与分类鉴定

一、实验目的与要求

1. 通过采用不同方法采集南开大学及其周边区域的昆虫类群，了解不同的昆虫类群及其生活习性和生活环境，学习昆虫标本采集的基本方法。

2. 掌握昆虫标本制作的基本方法，学习常见昆虫的基本形态特征，学会使用昆虫分类检索表对标本进行分类鉴定。

二、主要仪器设备

体视显微镜、放大镜、捕虫网、马氏网、毒瓶、三角袋、镊子、不同型号昆虫针、三级台、展翅板等。

三、主要试剂

乙酸乙酯、乙醇、白乳胶等。

四、实验方法与操作步骤

（一）昆虫的采集方法

1. 观察法

有些能发音的昆虫如蝉、蟋蟀等，采集时，可以通过观察找到昆虫的所在。此外，部分昆虫在生存处所常会留有一定的形迹，如蚜虫，在枝叶和地面上留有分泌的蜜露、树叶卷曲或变畸形等，故也可通过观察虫粪、虫孔和寄主植物变形或变色的情况来判断是否有虫，然后进行采集。有些昆虫具有特殊的保护色，虫体与寄主难以分别，必须仔细观察，方可捕获。

2. 搜索法

有些昆虫常隐蔽在石块、土层、树皮、枯枝落叶层下或树洞里，只有注意搜索才能发现它。在秋末、早春及冬季里，用搜索法采集越冬昆虫更为有效，树皮、砖石、土块下面，枯枝落叶中甚至树洞里面往往都是昆虫的越冬场所。在搜索中，遇到小型昆虫，可用吸虫管吸取，或用毛笔轻轻扫入瓶中。

3. 扫网法

扫网法是昆虫采集中的主要采集方法，采集者用捕虫网在大片的草丛或茂密的灌木中左右摆动，主要用来捕捉会飞的昆虫，或停在植物上的昆虫。对蜇人的蜂类和刺人的猎蝽等昆虫，由网中取出时，不要用手碰到它，可将有虫的网底部装入

毒瓶中,先熏杀后再取出。对蝶蛾类昆虫,应隔网用手轻捏其胸部,使其丧失飞翔能力,以免因虫体挣扎,而使翅和附肢遭到损坏。用扫网法捕到的昆虫种类多、个体多,而且时常扫捕到非常珍贵的稀有标本。

4. 诱集法

利用昆虫对光线、食物等因子的趋性,用诱集法进行采集。常用的诱集法有灯光诱集、糖蜜诱集、腐肉诱集和异性诱集等。

5. 振落法

对于高大树木上的昆虫,可用振落的方法进行捕捉。其方法是先在树下铺上白布,然后摇动或敲打树枝树叶,利用昆虫的假死习性,将其振落到白布上进行收集。

6. 马氏网法

马氏网用来网集日出性、活跃的有翅昆虫,特别是有向上爬行习性的膜翅目和双翅目昆虫。被马氏网捕来的昆虫是直接落死在顶端的收集瓶内,收集瓶内通常加乙醇或乙酸乙酯,隔天收集标本 1 次。

(二) 昆虫标本制作方法

1. 针插标本制作法

(1) 昆虫针

昆虫针是用不锈钢制成的带头长针,长 38~40mm。通用的昆虫针有 7 种,即 00、0、1、2、3、4、5 号。00 号针最细,5 号针最粗。在制作时应根据虫体大小注意选择,以既牢固又不损害标本为准。

00 号:使用情况较少;一般用于小型或微小型昆虫,如蚊、蝇、小蜂类昆虫标本的制作。

0 号:使用情况较少,用法同 00 号。

1 号:用于较小型昆虫标本的制作。

2 号:用于小型或中型昆虫标本的制作,如中小体形的经济七目(鞘翅目、鳞翅目、直翅目、膜翅目、双翅目、同翅目、半翅目)等。

3 号:用于中型昆虫标本的制作,如体形适中的经济七目、蜻蜓类等。

4 号:用于中型或较大型昆虫标本的制作,如体形较大或分量较重的蝉、甲虫、蝶蛾类等。

5 号:用于较大型或大型昆虫标本的制作,如体形超大或分量超重的金龟、锹甲、天牛等。

(2) 针插位置

插针的位置因类群而异(图 3-1),其原则是:需要保留虫体胸、腹背面和腹面中央部的形态特征时,插针的位置往往偏向虫体中线右侧;反之,插针可在胸部正中。对于直翅目昆虫,可在前胸背板中部、背中线稍右的位置插针;鳞翅目、蜻蜓目昆虫可在中胸背板正中央插针;膜翅目、双翅目和脉翅目昆虫应在中胸背部中央稍偏右的位置插针;鞘翅目昆虫应在右翅基部内侧插针,不能插在小盾片上;半翅目异翅亚目昆虫在小盾片中央稍偏右处插针。所有的插针都应垂直于虫体纵轴插入,并在虫体背侧留出针的上部 8mm。为操作方便可使用木制的三级台(图 3-2)。

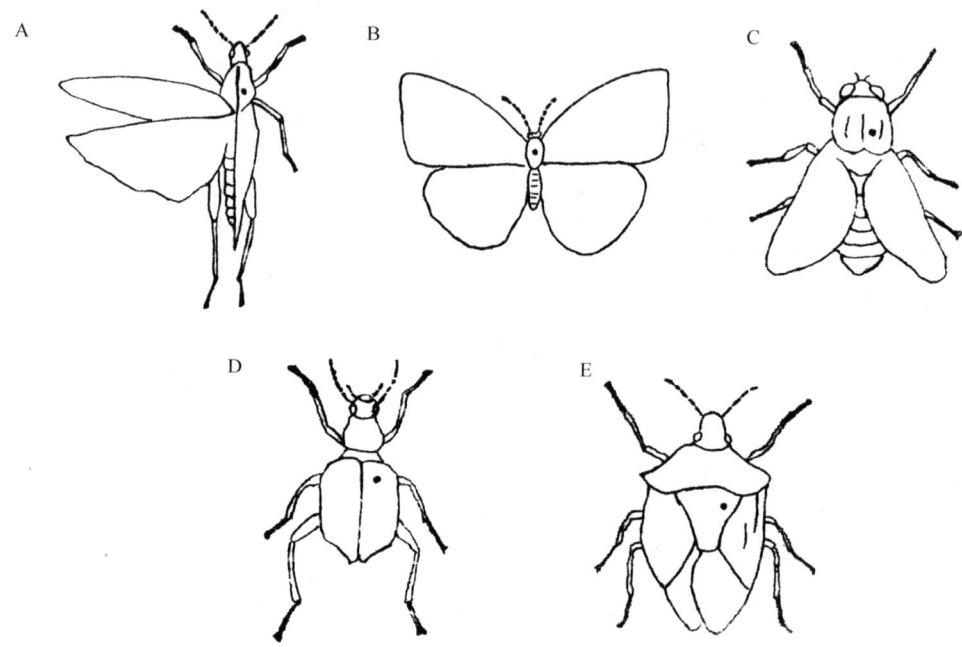

图 3-1 昆虫标本的针插位置
A. 直翅目;B. 鳞翅目;C. 双翅目;D. 鞘翅目;E. 半翅目

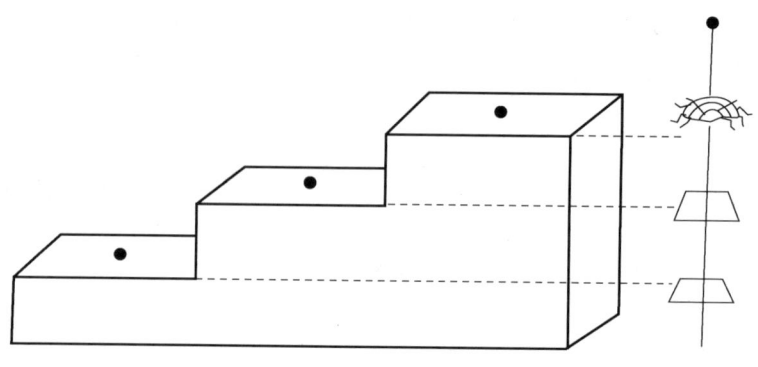

图 3-2 三级台

三级台是一块长 65mm、宽 24mm 的小木板,制成三层台阶,第一层高 8mm,第二层高 16mm,第三层高 24mm。每一层正中打一细孔(上下打通)。三级台三级高度由上至下分别用来插昆虫标本、采集信息标签和鉴定标签。

2. 小型或微小标本制作法

很小的昆虫可采用三角纸点胶法或使用微针制成标本(图 3-3)。具体方法如下。

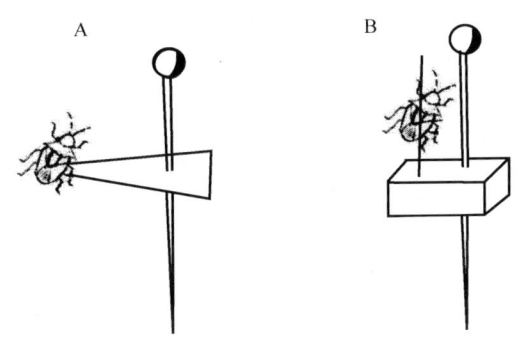

图 3-3 小型或微小标本制作方法
A. 三角纸点胶法;B. 微针法

(1) 三角纸点胶法

把普通卡纸剪成底边长 0.4cm、高 1cm 的等腰无顶角的三角卡,前端用镊子取 1mm 向下弯折 45°,涂少量胶水,将小型昆虫左侧的腹部粘其其上,进行固定。粘好的标本如需调姿,可用昆虫针尖拨挑。最后在三角卡的宽端穿插昆虫针,用三级台固定虫位,加插标签,即可放入标本盒(柜)内保存。

(2) 微针法

用 00 号或 0 号昆虫针按照上述针插位置插入昆虫的相应部位,然后将针的尖端插到一长方形小软木的右侧,再用另一昆虫针穿过软木的左侧即可。

3. 整姿、展翅方法

(1) 整姿

针插好的标本应进行整姿,其方法是把标本插在硬泡沫塑料板上,用大头针等物固定昆虫的触角、足等部分。操作多用针和镊子调整昆虫的姿态。腹部下垂处可用小棉球垫起,待标本完全干透,再去除大头针等物。整姿的目的是为了充分展示虫体各部形态结构和标本美观。

(2) 展翅

对于一些靠翅脉等特征分类的昆虫,如鳞翅目、蜻蜓目、膜翅目等,插针后必须进行展翅,制成展翅标本。其方法是用一块方形硬泡沫塑料板作为展翅板,虫体上插好昆虫针后,针倒置,大头朝下插入泡沫板中,使虫体背部紧挨展翅板,用镊子或长针拨动翅,使翅面充分展开并且左右对称,用纸条或薄塑料布条压住翅,然后用大头针插穿纸条或塑料布条至泡沫板中,使翅膀位置固定不动,并用此法整理触角,待标本干透即可取下(图3-4)。

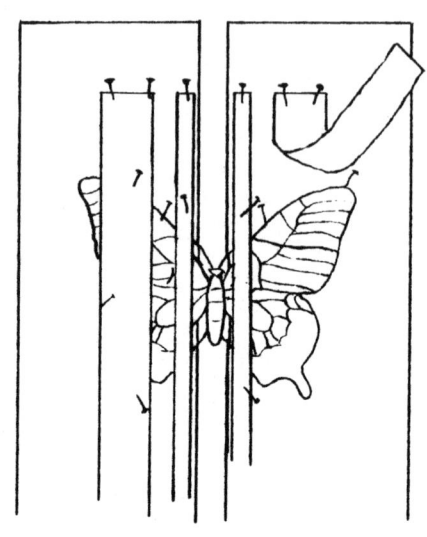

图3-4 展翅方法

传统的展翅板比较讲究,多用松木制成。展翅板中间有一装有软木的深槽,两侧的板面可向外移动,以便制作虫体粗细不等的标本。插入昆虫针的虫体可背面朝上将针尖插入展翅板的中央槽中,然后用纸条或塑料布条压好昆虫翅面,并用大头针固定纸条或塑料布条。

4. 昆虫采集信息及鉴定标签

昆虫标本制后,需立即将采集信息同标本一并插在昆虫针上,并使用三级台确定二者间高度,以便于之后的研究人员进行研究。标签可印制,也可自制,规格多为8mm×15mm,上面注明采集地、采集时间和采集人等。待正式鉴定种类后,再在采集标签下插上定名标签。采集信息包括:采集时间、采集地点(经纬度、海拔)、采集人等。鉴定标签包括鉴定的属、种名称和鉴定人等。

5. 昆虫标本的长期保存

昆虫标本的长期保存有针插干标本保存和乙醇浸制标本保存两种方法。

(1) 针插干标本保存:针插昆虫标本制作完、插好标签后,可按昆虫种类分类放入标本盒中。为防止其他昆虫(主要是仓储害虫)蚕食标本,需在标本盒角落固定一樟脑块,并定期检查,适时更换。最后在标本盒外边贴上标签,放入标本柜内保存。

(2) 乙醇浸制标本保存:所有标本均可浸制在乙醇中,依据使用目的的不同可浸制于75%、95%或100%的乙醇中,标签要置于乙醇瓶中,放于阴凉处保存。

(三) 昆虫分类鉴定方法

形态学分类法是昆虫分类方法中最基础的方法。该方法主要是根据形态结构在进化过程中的同源性的原理,以昆虫的外部形态、内部结构及各部分大小比例等特征为依据,对昆虫进行分类鉴别。目前,昆虫分类系统主要采用的形态学特征有:昆虫的颜色和斑纹;口器的类型及其在个体发育中的变化;触角类型及节数;复眼、单眼个数;足的类型及翅的有无、质地、翅脉相;外生殖器的形态特征等。同时,昆虫的变态类型、生活史、宿主范围及地理分布都是进行昆虫分类的重要参考依据。

以《昆虫学》(南开大学等五校合编,1980)中的检索表为参考,将所采集标本鉴定到目。如果有兴趣,可继续以《昆虫分类》(郑乐怡和归鸿,1999)中的各目检索表为参考,将所采标本鉴定到科。

五、思考题

1. 为什么采集昆虫的方式多种多样?
2. 在制作昆虫针插标本时,插针的原则是什么?

参 考 文 献

南开大学等五校合编.1980.昆虫学.北京:人民教育出版社.
许再福.2010.普通昆虫学实验与实习指导.北京:科学出版社.
张金红,刁虎欣.2012.基础生命科学导论实验.北京:科学出版社.
郑乐怡,归鸿.1999.昆虫分类.南京:南京师范大学出版社.

实验四　应用蜻蜓成虫对天津市区水环境进行生物监测与评价

一、实验目的与要求

本实验依据蜻蜓成虫的多样性分析对天津市境内重要代表性水体进行初步的生态评价，并为城市水环境的治理提出建设性的建议。

二、实验背景知识与原理

1. 背景知识

随着现代工业文明的迅猛发展，大城市及周边地区的水体环境面临越来越大的破坏压力。水环境对人类的重要性毋庸置疑，各级政府都给予了格外关注。水环境生物监测技术具有直观、成本低、周期短、综合性强、低污染消耗等优势。尤其近年来应用以蜻蜓等显著类型的指示物种进行的相关研究逐年增多，为城市环境保护、生物物种多样性保护、生态环境改良和恢复等方面提供了大量方法及指导性意见和建议。

蜻蜓作为指示生物具有独特的优势。首先，蜻蜓广泛分布于各种类型水体，如溪流、瀑布、江河、湖泊、池塘、引水工程、沼泽、水渠、水库、甚至积水的树洞中，不同种类对水质及沿岸环境状况有各自不同的要求，可以较直观地评测各种水体环境状况。其次，蜻蜓的研究历史悠久，相关的分类学、生物学、生态行、行为学等研究基础较好，而且国际上已有了较多在环境科学领域的应用研究实例。再次，便于调查取样，尤其成虫是最为理想的水环境快速评价指示生物。蜻蜓成虫大都拥有艳丽的色彩和优美的飞行姿态而十分引人注目，常见类群无需捕获，仅凭照片或观察便可以进行相关研究。最后，拥有广泛的爱好者，简单培训后可为以蜻蜓为指示生物的环境评价工作提供充足的志愿者队伍。环境保护先进国家和地区，如美国、日本、欧洲和南非等都非常重视志愿者在环境监测和保护中的重要作用，大量志愿者的参与是进行大范围、长期应用研究的重要条件。

2. 实验原理

利用蜻蜓成虫多样性指数与水环境因子间的高度相关性，以及蜻蜓成虫数量较大、观察调查方便等独特优势，对水环境状况及生态健康程度做出快速准确的评价。

三、实验材料与工具

1. 调查样点：南开大学新开湖、南开大学马蹄湖、天津大学青年湖、天津大学友谊湖、天津大学敬业湖、水上公园东湖、水上公园水生态湖。
2. 调查工具：机械测距轮、手杆、数码相机、捕虫网、三角袋、离心管、乙醇、标签纸。
3. 鉴定用具：《鉴定手册》、解剖镜与光源。
4. 参考网站：entomology. nankai. edu. cn/odonata。
5. 多样性指数计算公式：

Simpson 多样性指数：$D = 1 - \sum (n_i/N)^2$，其中，n_i 为样本中第 i 种的个体数；N 为样本的总个体数；

Shannon-Wienner 多样性指数：$H = -\sum [(n_i/N)\ln(n_i/N)]$，其中，$n_i$ 为样本中第 i 种的个体数；N 为样本的总个体数；

Pielou 均匀度指数：$E = H/H_{max} = H/\ln S$，为实际多样性指数（与各物种个体数相同）与各物种相对数量分布最均匀时的多样性指数之比，其中，S 为样本中观察的物种数，H 为 Shannon-Wienner 指数值。

四、实验方法与操作步骤

1. 准备工作：根据网站及电子文献熟悉本地区的蜻蜓种类。
2. 多样性调查：样点处固定距离（50m）内步行观察计数蜻蜓种类及数量，同时记录相关环境因子（堤岸类型、敞水面积、岸边植物、浮水植物、挺水植物、荫蔽度、水华底质等）数据，见《数据记录单》。
3. 物种确定与标本留档：对目测观察时不能肯定的种类，可采取拍照或采集标本回实验室鉴定的方法以确保调查的准确性，照片和标本要长期留存备查。
4. 数据分析：将数据整理汇总到 Excel 表中，据此计算各样点的指数值并建立数据分析图。

五、实验报告要求

1. 格式以标准科技论文的格式为准，包括摘要、介绍、材料与方法、结果、讨论、参考文献等。
2. 采样数据汇总表作为附表列出。

参 考 文 献

于昕,卜文俊,朱琳. 2012. 应用蜻蜓目昆虫进行生态环境评价的研究进展. 生态学杂志,31(6):1585-1590.

于昕,卜文俊. 2006. 天津地区蜻蜓研究. 南开大学学报（自然科学版）,39(4):83-90.

实验五 小鼠学习记忆能力及其影响因素的观测

一、实验目的与要求

1. 学习利用避暗箱和 Morris 水迷宫测定学习记忆功能的方法。
2. 比较两种方法测定动物学习记忆功能的优缺点。
3. 观察一些理化因素对动物记忆功能的影响。

二、实验原理与技术应用

学习和记忆属于大脑高级功能的范畴。学习是指新行为(经验)的获得和发展。通过学习获得的经验的保持和再现,就是记忆。记忆在时间上可以分为短时记忆和长时记忆。短时记忆是指大脑暂时保存信息的过程。长时记忆则是更持久、容量更大、不需要复述的记忆。记忆的产生过程可能与脑的电活动,以及脑的神经细胞的突触效能或脑的化学变化如神经递质的变化有关。对脑内记忆过程的研究只能从人类或动物学习或执行某项任务后间隔一定时间,测量他们的操作成绩或反应时间来衡量这些过程的编码形式、储存量、保持时间和它们所依赖的条件等。学习和记忆实验方法的基础是条件反射,各种各样的方法均由此衍化而来。常用的动物学习和记忆实验方法包括跳台法、避暗法、穿梭箱、爬杆法、迷宫及水迷宫等。本实验以避暗法和 Morris 水迷宫法测定。其中,避暗法是利用鼠类的嗜暗习性而设计的,测试的是动物(大小鼠)回避伤害性刺激的能力。而 Morris 水迷宫则主要用于测试动物(大小鼠)对空间位置觉和方位觉的学习记忆能力,实际测试动物的陈述性记忆能力。它是利用强迫动物游泳,在水中设置平台、盲端及出口,强迫动物寻找平台或出口的方法来实现的。圆形迷宫在水中放置平台,方形测试动物用标准泳道,采用视频图像处理方式测试动物行为,并实时监视动物活动的行为表现。该法是迄今为止最为客观的测定学习和记忆的方法,因为它可以消除已试的实验动物所留下的气味和分泌物的影响。影响学习记忆能力的因素包括理化环境、遗传、生理或病理状况、药物和毒物等。由于动物学习记忆能力测试方法比较成熟,学习记忆障碍动物模型易造,且能不断找到一些新的模式动物,所以学习记忆功能是大脑高级功能中研究得相对比较深入的领域。

三、主要仪器设备

输出电极、变压器、避暗箱(实验装置分明、暗两室。明室大小为 11cm×3.2cm,其上方约 20cm 处悬一 40W 钨丝灯。暗室较大,大小为 17cm×3.2cm。两室之间有直径为 3cm 大小的圆洞。两室底部均镀以铜栅,可以通电,电压大小可通过变压器调节,一般采用 40～50V 电压。暗室与一计时器相连,计时器可自动记录潜伏期的时间,图 5-1 为避暗箱)和 Morris 水迷宫(由摄录机、计算机和图像采集分析软件构成。摄像头安装在动物活动区域的上方,区域是实验人员设定的圆形、长方形等各种形状,摄取的动物活动图像传入分析计算机,计算机以每秒 30 次的速度将影像信号数字化,记录一个或几个动物在一个或多个区域内不同时间的位置、速度、停留时间、运动轨迹、运动距离等研究人员关心的参数。软件根据研究人员的设计自动将这些参数分类统计得到动物活动情况报告,图 5-2 为 Morris 水迷宫系统组成的示意图)。

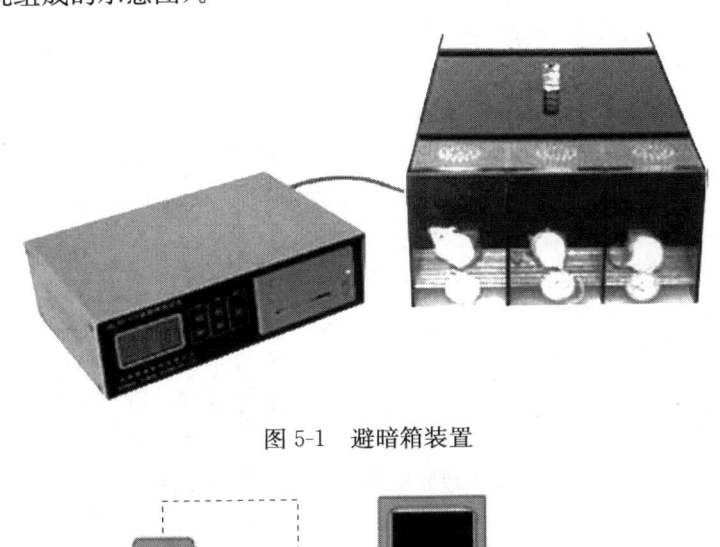

图 5-1 避暗箱装置

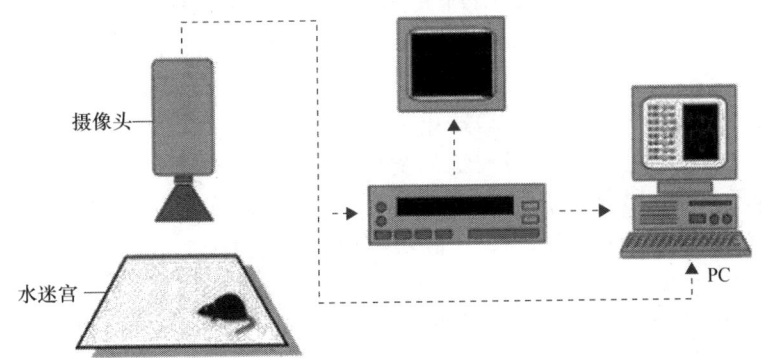

图 5-2 Morris 水迷宫系统组成示意图(水桶可以是方形和圆形,圆形居多)

四、实验动物与试剂

1. 小白鼠
2. 20％乙醇

3. 亚硝酸钠

4. 钛白粉或奶粉

五、实验方法与操作步骤

（一）避暗法测试小鼠学习记忆能力

1. 正常小鼠短时记忆能力的观测

取小鼠1只，依次将小鼠面部背向洞口放入明室，同时启动计时器。动物穿过洞口进入暗室受到电击(36V,0.5mA,5s)，计时自动停止。取出小鼠，记录每鼠从放入明室到进入暗室遇到电击所需要的时间，此即训练的潜伏期。1min以后，把小鼠再次放入明室，观察小鼠在5～10min之内是否进入暗室及进入的时间，即测试的潜伏期，记忆能力的强弱可根据测试潜伏期与训练潜伏期的差值来判断，如果在测试期内不进，说明有较强的记忆能力。

2. 一些物理和化学因素对小鼠短时记忆能力影响的观察

取小鼠4只，依次将小鼠面部背向洞口放入明室，同时启动计时器。动物穿过洞口进入暗室受到电击，计时自动停止。取出小鼠，记录每鼠从放入明室到进入暗室遇到电击所需要的时间，此即训练的潜伏期。然后给第一只小鼠通过电极（接于头部和鼻部）通以强度为7mA的电流，持续1s；给第二只小鼠皮下注射$NaNO_2$ 120mg/kg造成脑部缺氧；第三只小鼠灌服20％乙醇0.1mL/10g；第四只不做任何处理，作为对照。上述处理完成后，立即进行记忆的测试。同样，依次将小鼠背向洞口放入明室，同时启动计时器。每只观察10min，观察小鼠是否进入暗室，若进入的话，记录进入暗室的潜伏期。判断各种处理大鼠记忆能力的差别。

3. 正常小鼠长时记忆能力的观察

取小鼠1只，依次将小鼠面部背向洞口放入明室，同时启动计时器。动物穿过洞口进入暗室受到电击，计时自动停止。取出小鼠，记录每鼠从放入明室到进入暗室遇到电击所需要的时间，此即训练的潜伏期。3～7天以后，把小鼠再次放入明室，观察小鼠在5～10min之内是否进入暗室及进入的时间，即测试的潜伏期，记忆能力的强弱可根据测试潜伏期与训练潜伏期的差值来判断，如果在测试期内不进，说明有较强的记忆能力。

4. 一些物理和化学因素对小鼠长时记忆能力的影响的观察

按上述步骤2处理的小鼠，7天后进行记忆的测试，判断各种处理小鼠记忆能力的差别。

5. 收集各实验组的资料进行统计，比较各种处理对记忆的影响

（二）Morris水迷宫测定小鼠空间学习记忆能力

1. 先在泳池内加入适当深度（以能没过平台为宜）的水，加入适量的奶粉（或钛白粉），使泳池内的水形成不透明的乳浊液，并把平台放置在泳池的某一个象限。

2. 在正式进行实验之前，进行适应性训练，每只小鼠在同一入水点连续放置2次，记录动物找到平台逃逸的潜伏期、游泳轨迹、游泳总路程及平均游泳速度。允许其在120s内找到平台，找到后在平台上保持20s。若在120s内找不到平台，则将大鼠引导到平台上并保持20s。

3. 定位航行实验实验历时6天，每天分上午、下午2个系列，每个系列包括4次，操作者在第一个象限将小鼠面向池壁入水，发现并爬上平台后，让其在平台上站立20s，然后将小鼠从平台上拿下来休息60s，再随机由下一象限入水进行实验，如果120s内找不到平台，则由操作者帮助其上平台，潜伏期记为最高分120s，一直完成4个象限的实验，记录每次实验大鼠找到平台的时间（逃避潜伏期）和运动轨迹。

4. 第7天空间搜索实验：第7天，撤去平台，取随机一点投小鼠入水池中，记录2min内小鼠穿过平台所在象限的时间和穿越的次数。

六、注意事项

1. 在整个实验过程中务必保持环境的安静。
2. 用电时应注意安全操作，捉拿动物时，应事先关闭电源，防止触电事故。

七、思考题

1. 避暗法和Morris水迷宫测试小鼠学习记忆的原理有何不一样？
2. 如何制造实验动物学习记忆的模型？

参 考 文 献

刘燕强,程义勇,刘佃辛,等. 1999. 缺锌对大鼠学习记忆功能及其脑区生长抑素和加压素含量的影响. 中国应用生理学杂志 ,15(2):159-161.
解景田,刘燕强,崔庚寅. 2009. 生理学实验. 3版. 北京:高等教育出版社:164-168.
张均田. 现代药理实验方法. 1998. 北京:北京医科大学与中国协和医科大学联合出版社:1020-1032.
Bear M F,Connors B W,Paradiso M A. 2011. 神经科学-探索大脑(影印本). 3版. 北京:高等教育出版社.
Morris R G M. 1981. Spatial localization does not require the presence of local cues. Learning Motivation,12:239-260.

实验六　膜片钳实验四种记录模式的建立和神经细胞通道电流的记录

一、实验目的与要求

1. 学会神经细胞急性分离方法。
2. 了解微电极与细胞封接的过程，以及4种记录模式的建立。
3. 观察细胞通道电流的获得过程。

二、实验原理与技术应用

使用经拉制仪拉制好的玻璃微电极（电阻 $2.5\sim 8M\Omega$），压在细胞膜表面，使电极与细胞膜紧密封接，其电阻值可达 $10\sim 100G\Omega$，近似电绝缘，即我们所常说的"Giga-seal"。这种高阻抗封接，可大大减少记录时的本底噪声，可通过这种微吸管电极直接对膜片进行电压钳制。

Giga-seal 的机械稳定性很高，一旦形成就不容易脱落。膜片钳技术可以进行4种形式的离子通道电流记录，即细胞贴附式（cell attached）、细胞外面向外（outside-out）、细胞内面向外（inside-out）和全细胞记录（whole cell recording）。操作方法如图 6-1 所示。吸管与细胞简单接触，造成低电阻密封，封接电阻仅约 $50M\Omega$。当吸管内进行负压吸引时，吸管与细胞膜的封接电阻将提高几个数量级，形成 Giga-seal，这时达到了细胞贴附式的记录要求，在与整个细胞连接的情况下记录流过吸管内膜片的离子电流。这一步也是进行其他三种操作的基础。在形成 Giga-seal 后，如进一步在吸管内施加脉冲式的负压或加一定的电脉冲，使吸管中的膜片破裂，吸管内的溶液与细胞内液导通，由于吸管本身的电阻很低，这时就可进行全细胞电压钳制实验。在全细胞记录的形式，如提起电极，使与电极相连的膜片与整个细胞相分离，则可得到"内面向外"的细胞游离式膜片单通道记录。在形成 Giga-seal 后，如提起微电极，在微电极尖端可形成一封闭的囊泡，并与细胞脱离，导致一种"外面向外"的形式。其中细胞贴附式、外面向外和内面向外这三种形式都属于单通道记录，但它们形成的结构不同，在实际应用中也有一定的差异。细胞贴附式对细胞的结构和环境的干扰最小，它可以通过改变膜电位，在正常的离子环境中研究递质和电压激活的通道。这一方法还可研究细胞膜不同部位的电流，以及细胞内信使对它们的影响。内面向外式的膜片主要用于研究胞质成分对离子通道的影响，膜的内面外翻，与外液直接接触，因此通过改变外液就可了解到细胞内环境对离子通道的影响。另外，这种膜片还常用于研究细胞内激素和第二信使对通道的调节作用,这种调节方式可使通道与细胞外的调节机制脱偶联,而只加入第二信使系统。它与细胞贴附式的记录方式可以相互印证、相互补充。外面向外的记录方式多用于研究细胞膜外侧受体控制的离子通道,这些受体直接作用于通道,而不需要经过第二信使系统。由于细胞外液容易更换、加药方便,因而成为研究药物对离子通道电生理特性影响的重要手段。

膜片钳技术(patch clamp technique)是由德国的科学家 Neher 和 Sakmann 在 20 世纪 70 年代发明的,该技术给电生理学和细胞生理学的发展乃至整个生物学研究带来了一场深刻的革命(图 6-1)。因此,对离子通道本质的研究有了一个质的飞跃。由于该实验技术的突出影响,该成果于 1991 年获得诺贝尔生理学或医学奖。

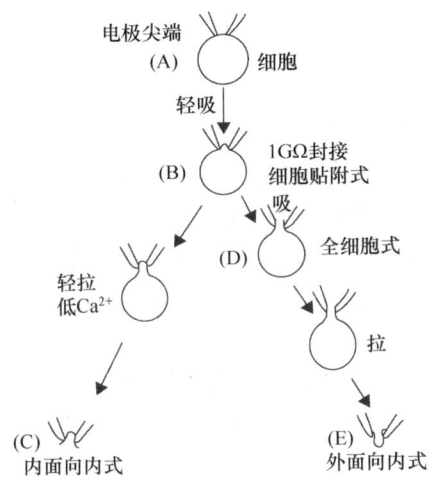

图 6-1　膜片钳记录模式示意图(引自解景田等,2009)

三、主要仪器设备

膜片钳放大器、刺激器、示波器、倒置显微镜、微操纵器、玻璃微电极拉制仪、玻璃微电极抛光仪、电信号处理软件、计算机及其接口等。

四、主要试剂

1. 高蔗糖溶液(大鼠脑的冷冻,脑片的制备):蔗糖 80g,KCl 0.186g,Na_2HPO_4 0.142g,$CaCl_2$ 0.0147g,HEPES 3.574g,葡萄糖 1.982g,溶解在约 1L 去离子水中,用 NaOH 调 pH 至 7.2~7.4,最后精确定容为 1L。

2. 羟乙基磺酸钠液(用于脑片的清洗):羟乙基磺酸钠 19.6g,KCl 0.149g,$CaCl_2 \cdot 2H_2O$ 0.0147g,$MgCl_2 \cdot 6H_2O$ 0.813g,HEPES 3.574g,葡萄糖 4.144g,溶解在约 1L 去离子水中,用 NaOH 调 pH 至 7.2~7.4,最后精确定容为 1L。

3. Earle's 平衡盐溶液（用于脑片的孵育）：$NaHCO_3$ 2.2g，$CaCl_2 \cdot 2H_2O$ 0.265g，$MgSO_4$ 0.09767g，KCl 0.4g，NaCl 6.8g，Na_2HPO_4 0.122g，葡萄糖 1.0g，酚红 0.011g，溶解在约 1L 去离子水中，用 NaOH 调 pH 至 7.2～7.4，最后精确定容为 1L。

4. Hank's 平衡盐溶液（用于脑片的消化）：KCl 0.4g，KH_2PO_4 0.06g，NaCl 8.0g，Na_2HPO_4 0.04788g，HEPES 2.6g，$MgCl_2$ 0.38g，酚红 0.011g，溶解在约 1L 去离子水中，用 NaOH 调 pH 至 7.2～7.4，最后精确定容为 1L。

5. 高钾的细胞内液或电极内液（用于电流的记录）：KCl 10.43g，NaCl 0.585g，HEPES 2.6g，溶解在约 1L 去离子水中，用 NaOH 调 pH 至 7.2～7.4，最后精确定容为 1L。

五、实验方法与操作步骤

1. 神经细胞急性分离：取成年大鼠（200～250g），以水合氯醛麻醉（ip，40mg/100g），迅速断头取脑，置于冰冷的高蔗糖液中冷冻 2min 左右，然后以振动切片机切成 400μm 厚的脑薄片。将切好的脑片置于通以 95%O_2+5%CO_2 混合气的、$NaHCO_3$ 缓冲的 EBSS 液中孵育 1～6h（室温），然后将脑片移入羟乙基磺酸钠缓冲液中清洗 3 次并在解剖显微镜下分离出海马 CA1，放入 33℃、用 100% O_2 饱和的 HBSS 液中，用细菌蛋白酶 XIV 1.1～1.4mg/mL 消化 30～45min，组织块在羟乙基磺酸钠缓冲液中清洗 3 次，后用尖端经火抛光处理的口径为 500μm、300μm 和 100μm 的吸管进行吹打。细胞悬液移入 35mm 培养皿，待细胞贴壁后，即可以进行有关细胞记录的实验。

2. 拉制和抛光玻璃电极，并充灌电极液。

3. 高阻封接：将充灌好的电极装入电极头，在电极入浴槽液之前给电极尾端通过注射器施加一正压。在倒置显微镜（400×）监视下，由微操纵器控制微电极入浴槽液，设置好放大器参数。电极未进入浴槽液之前，仅见一噪声基线。电极入浴槽液时，电流线可消失，按 RESET 可使电流再现，同时其噪声增加并见一指示电流方波。当微电极尖端刚刚接触到细胞膜时，去除微电极内的正压并稍加负压，微电极尖端与细胞膜之间的高阻密封在瞬间形成，此时指示电流方波消失，电流噪声大大减小，回复到入浴槽液之前的水平。去掉负压后密封仍保持完整，有时去掉正压后，密封可自发形成。有时负压需维持 10～20s 或取消负压后密封才形成。

4. 细胞贴附式记录：高阻密封形成后，将 MODE 旋钮于 VC，设置放大器参数。电极电位极性表示：＋为膜片超极化，－为膜片去极化。细胞贴附式记录时的跨膜电位为细胞膜电位与电极电位（钳制电位）的代数和。

5. 内面向外式记录：高阻密封形成后，通过微操纵器使电极快速后退一定距离，此时常在电极尖端形成一个小囊泡。使囊泡破裂的方法有：将电极尖端在空气中短暂暴露,然后再进入浴槽液;或在无 Ca^{2+}、150mol/L KCl 溶液中提起电极。此时膜片的跨膜电位与电极电位相同。

6. 全细胞记录:全细胞记录时,电极液应为低 Ca^{2+}、高 K^+ 溶液。高阻密封形成后,置 MODE 于 VC。然后直接向电极内作短暂的脉动抽吸,或给予脉冲电压(200mV)均可使电极内的细胞内的细胞膜破裂,此时电容瞬时电流明显增大。电容补偿和电阻补偿后,即可进行全细胞记录。因电极与细胞内相通,VP OUT 输出为跨膜电位。

7. 外面向外式记录:在全细胞记录方式形成后,若用微操纵器将微电极提起,则形成外面向外式膜片。此时可从浴槽液中给予各种受体的激动剂或阻断剂,以记录化学门控性离子通道。在此方式下,跨膜电位与电极电位的数值相同。

8. 在全细胞记录模式下,观察河豚毒素、箭毒、氯化四乙胺、异搏定、Ni^{2+} 等因子对通道电流的影响。

六、注意事项

1. 为避免电极尖端污染,电极经气-水界面时要保持电极内有一正压。
2. 浴槽液面应保持干净。
3. 电极液应与细胞内液一致。

七、思考题

1. 何谓离子通道?
2. 细胞膜电流是如何形成的?
3. 何谓内向电流?何谓外向电流?
4. 不同的记录模式各有何不同的用途?

参 考 文 献

韩济生.1993.神经科学纲要.北京:北京医科大学与中国协和医科大学联合出版社:48-54.
解景田,刘燕强,崔庚寅.2009.生理学实验.3版.北京:高等教育出版社:181-184.
张均田.1998.现代药理实验方法.北京:北京医科大学与中国协和医科大学联合出版社:1783-1799.

实验七　植物石蜡切片的制作

一、实验目的与要求

1. 了解石蜡切片的应用与原理。
2. 掌握相关仪器的工作原理和操作方法。
3. 熟练掌握石蜡切片的制作技术与注意事项。

二、实验原理与技术应用

植物石蜡切片(paraffin section)即用石蜡作为包埋剂,将植物组织经固定、脱水、透明后包埋在石蜡中,然后用切片机切片、染色、封片制得。

石蜡切片技术是组织学、胚胎学、生理学及细胞学等学科研究观察细胞、组织的生理、病理形态变化的一种主要方法。随着新的仪器和新的研究技术的不断问世及使用,使组织学的观察研究从简单的形态结构深入到各种成分的定性观察,又从定性转向定量计测,使细胞组织的形态、功能及代谢相结合,从而达到定性可靠、定位准确及定量可测的目的。

三、主要仪器设备

包埋网、纱布、标签纸、毛笔、手术刀、包埋盒、染色缸、单面刀片、镊子、铅笔、剪刀、Leica ASP200S 脱水机、Leica EG1150H 包埋机、Leica EG1160 包埋机、Leica EG1150C 冷台、Leica RM 2235 切片机、Leica HI 1210 展片机、Leica HI 1220 烘片机、Leica AUTOSTAINER XL 染色机、Leica CV5030 封片机、CX41 奥林巴斯显微镜、图像采集处理系统。

四、实验材料与试剂

（一）试剂

1. 50%乙醇、70%乙醇、75%乙醇、85%乙醇、95%乙醇、100%乙醇。
2. 二甲苯乙醇混合液:二甲苯和无水乙醇按 1∶1 的比例配制。
3. 二甲苯。
4. 5%番红乙醇溶液:按每 100mL 50%乙醇溶液加 5g 番红的比例配制。
5. 1%固绿乙醇溶液:按每 100mL 95%乙醇溶液加 1g 固绿的比例配制,根据染色效果可以适当更改固绿浓度。
6. 中性树胶。

7. FAA 固定液：按 70%乙醇：福尔马林：冰醋酸＝18：1：1 比例配制，如材料含水量较大，用 50%乙醇替换 70%乙醇。

8. 明胶粘片剂：在 30～40℃蒸馏水中慢慢加入 1g 明胶，待完全溶解后，再加入 2g 苯酚和 15mL 甘油，搅拌至完全溶解为止，然后用纱布过滤，贮藏于瓶中备用。

（二）实验材料

新鲜植物叶片、草本植物的根茎等学生感兴趣的样品。

五、操作步骤

1. 取材、固定

取材(collecting material)要根据实验的目的，选取合适的部位。①叶片的取样方法：选取健康有代表性叶片，沿主脉方向切取 0.5cm×0.5cm 叶片；②根茎的取样方法：选择健康草本植物的根和茎，确定要观察的部位，并将其横切成 0.8cm 长的小段。

材料切好之后应迅速放入事先配好的 FAA 固定液中，固定 24h 以上。材料可在 FAA 固定液中长期保存。

取材时应注意以下几个方面：

（1）选择新鲜、健康、有代表性的材料(有特殊要求的除外)。

（2）切取材料必须用锋利的刀片进行切割，防止损伤取材的边缘，影响切片质量。

（3）取材时只需选取需要的部位进行固定，并保证切面平整，必要时可以先做徒手切片，确定取材位置。

（4）取材大小要适当，一般取材大小为 0.8cm 左右，便于固定、制片。

2. 脱水、透明和浸蜡

脱水(dehydration)是用脱水剂(乙醇)取代样品中水的过程，经固定的样品中还有水分，水分不能与透明剂、包埋剂相容，必须经过逐步脱水，将样品中的水分替换掉，并进行透明和包埋。

透明(clearing)是脱水(乙醇)与浸蜡(石蜡)之间的桥梁，脱水剂不能与包埋剂相溶，包埋剂不能浸入样品中，中间要经过一个既能与脱水剂相溶又能与包埋剂相溶的溶液来处理，便于包埋剂侵入材料中。这种溶液能使材料透明，通常称为透明剂(二甲苯、氯仿、苯)。

浸蜡(paraffin infiltration)是将包埋剂石蜡逐步侵入材料的细胞核组织中，取代透明剂的过程。

脱水、透明、浸蜡三步由脱水机完成，无需人工操作。将固定后的样品放进包埋网中,将包埋网放入样品固定架上,之后放入 Leica ASP200S 脱水机中。以乙醇作为脱水剂,采用等级脱水,顺序为:75%→85%→95%→100%(两次),每级 1h,100%乙醇时间宜短,两次各 0.5h,对样品进行脱水;以二甲苯为透明剂,顺序为二甲苯乙醇混合液(1h)→纯二甲苯(两次,各 30min);最后三次浸蜡,每次 45min。设置好各时间参数,依次对样品进行脱水、透明、浸蜡处理。

3. 包埋

浸蜡完成后,将样本放入包埋盒里,调整材料位置进行包埋。从 Leica EG1150H 包埋机分配器向包埋盒里加入少许熔蜡,用加热的镊子迅速将材料按一定的间隔和所需的切面摆放整齐,尽量保证样品的摆放在横纵方向上不重叠。再将包埋盒加满熔蜡,待容器表面的石蜡凝固后将容器平放入冰上,使石蜡迅速凝固。最后从包埋盒中取出蜡块,妥善保存。

4. 切片、展片

包埋好的样品用 Leica RM 2235 切片机进行切片,切片厚度设定为 $8\mu m$,待切到实验材料并且形成连续蜡带时,取所切样品完整的切片,放入已经开始工作的 Leica HI 1210 展片机上展平,用涂好粘片剂的载玻片(提前两天涂好)伸入水中慢慢托起蜡带,使蜡带在载玻片上铺展整齐,放在 Leica HI 1220 烘片台上烘干。切片用铅笔做标记后,放入装载玻片的架子上自然干 24h。每样品的切片数量依实验目的选取合适数量。

5. 脱蜡、染色

装满载玻片的架子放入 Leica AUTOSTAINER XL 染色机中,在染色机中输入程序:烤片(5min)→二甲苯(两次,每次 30min)→1/2 纯乙醇和 1/2 二甲苯混合液(10min)→100%乙醇(两次,每次 10min)→95%乙醇(10min)→85%乙醇(10min)→75%乙醇(10min)→50%乙醇(10min)→番红染液(3h),设置好各时间参数,运行机器,自行进行熔蜡、脱蜡、复水、染色等操作。

6. 染色与封片

取出载玻片,进行染色处理,顺序为:75%乙醇→85%乙醇→95%乙醇→固绿染液→100%乙醇(两次)→1/2 纯乙醇和 1/2 二甲苯混合液→二甲苯(两次),每级处理 10s,固绿染色时间不定,根据实验材料相应调整,结合显微镜观察,至着色适当,木质部和韧皮部染色清晰。若染色较浅,则按各试剂顺序逆向返回至固绿染液增加染色时间,直至染色适当。

将染色完成的玻片架放入 Leica CV5030 封片机中,注意切片正面朝外。将喷胶头取下,对准废液缸,加压直到树胶稳定、匀速流出,将喷胶头放置工作位置。根据树胶的性质,设定喷胶起始位置、喷胶量和喷胶距离,即可工作。

7. 观察与测量

将封好的切片放置一段时间,待中性树胶晾干即可用来观察测量。打开显微镜和电脑电源,运行影像采集系统,从低倍镜到高倍镜的顺序观察,找到需要的视野进行观察拍照,用采集到的照片进行数据测量,注意更改放大倍数,以获得适合的比例尺。

六、思考题

1. 简述二甲苯在整个石蜡制片中的作用。
2. 在染色时发现切片不容易染色,请分析一下可能原因。

参 考 文 献

郭学民.2006.猕猴桃果实叶绿体生理学与细胞生物学特征的研究.北京:北京林业大学博士学位论文.

邵明珠,徐跃进,万正杰.2012.新型红菜薹细胞质雄性不育系的花药发育细胞学观察.华中农业大学学报,31(4):436-439.

史春艳,申家恒,李伟.2014.花生双受精过程及其经历时间.作物学报,40(8):1513-1519.

王慧,高行英,宋红霞,等.2014.韭菜根再生不定芽的组织学观察.山西农业科学,42(1):6-8.

实验八　植物群落的物种多样性分析

一、实验目的与要求

1. 学习群落水平下物种多样性分析的原理及方法。
2. 熟悉 Simpson 多样性指数和 Shannon-Wiener 多样性指数的计算及生态学意义。

二、实验原理与技术应用

生物多样性分为三个层次：遗传多样性、物种多样性和生态系统多样性。本实验仅从群落特征角度进行物种多样性的测量和分析。

物种多样性分析有以下几个方面的生态学意义：①是刻画群落结构特征的一个指标；②用来比较两个群落的复杂性，作为环境质量评价和比较资源丰富程度的指标；③从演替阶段的多样性比较，可作为演替方向、速度及稳定程度的指标。

通过对群落中物种多样性的测定，认识多样性指数的生态学意义及掌握测定物种多样性的方法。

多样性指数是以数学公式描述群落结构特征的一种方法。在调查了植物群落的物种种类及其数量之后，选定多样性公式，就可计算反映该群落结构特征的多样性指数。

计算多样性的公式有很多，形式各异，而实质是差不多的。大部分多样性指数中，组成群落的生物种类越多，其多样性的数值越大。

本实验采用 Simpson 多样性指数和 Shannon-Wiener 多样性指数来进行植物群落物种多样性的分析。

Simpson 多样性指数回答了这样的问题：在无限大的群落中，随机取样得到同种的两个样本，它们的概率有多大？如在北方寒带森林中，随机抽取两株树木样本，得到同一种的概率很高；相反，在热带雨林中，这一概率就很低。Simpson 多样性指数公式如下：

$$D = 1 - \sum (n_i/N)^2$$

其中，D 为 Simpson 指数；N 为总个体数量；n_i 为第 i 个种的个体数量。

Shannon-Wiener 多样性指数是目前应用较多的物种多样性指数，它计算方便，统计处理手段比较成熟，可以用来估测不同群落之间多样性水平的差异。

$$H = -\sum (p_i \cdot \ln p_i)$$

其中，H 为 Shannon-Wiener 指数；p_i 为第 i 个种在全体物种中的重要性比例，如果以个体数量而言，n_i 为第 i 个种的个体数量，N 为总个体数，则有 $p_i = n_i/N$。

三、主要仪器设备

手持式 GPS 定位仪或北斗导航定位系统、$1m^2$ 样方框、铅笔、野外调查记录表格、计算器。

四、实验方法与操作步骤

1. 实验样地的选择：样地应具有所要研究群落的典型特征，并且不能处于该群落的边缘地带。
2. 定位和样地描述：使用 GPS 或北斗定位系统确定群落所在地的经纬度及海拔高度，描述样地地形地貌特征、土地利用历史沿革及现状、人为扰动情况等。
3. 取样：每 2~3 个学生为一组，在已经选定的若干群落类型的实验样地中设置 $1m^2$ 样方，观测其中植物物种组成及每个种的个体数，记录在表 8-1 中。在每种类型的群落里重复随机取样 20 次。
4. 按群落类型整理合并数据，并分别按照上述公式计算 Simpson 和 Shannon-Wiener 多样性指数。
5. 比较不同群落类型的物种多样性指数，并探讨其中的生态学意义。

表 8-1 植物群落物种多样性野外调查表格示例

样地名称：	东经： 北纬： 海拔：	第 号样方
地形：	土地利用情况：	人为扰动强度：
植物名称	个体计数栏（画正字）	个体数

五、思考题

1. Simpson 多样性指数和 Shannon-Wiener 多样性指数的区别是什么?
2. 物种丰富度和物种多样性的联系与区别?

参 考 文 献

内蒙古大学生物系. 1986. 植物生态学实验. 北京:高等教育出版社.
王伯荪,余世孝. 1996. 植物群落学实验手册. 广州:广东高等教育出版社.
杨持. 2003. 生态学实验与实习. 北京:高等教育出版社.

实验九　干旱胁迫对羊草生理生化性状的影响研究

一、实验目的与要求

1. 理解在不同干旱胁迫条件下羊草的叶绿素含量、光合生理和水分生理的变化情况。
2. 加深对几种植物生理生化指标的测定方法的理解,掌握不同测定方法的测定原理。

二、实验原理与技术应用

水是影响陆生植物生长的主要生态因子。当水分亏缺时,植物的形态和生理生化特征都可能发生改变。形态方面主要表现在根系发育受到影响,根长、根数和重量明显减少,根系活力降低;茎叶生长缓慢;生殖器官的发育受阻。生理生化方面主要表现为细胞膜的透性增强,细胞内的溶质外渗,相对电导率增大;细胞内蛋白质分子变性凝固且蛋白质合成受阻;酶系统发生紊乱;叶片气孔关闭,CO_2 进入量减少,光合作用下降,同化产物积累减少。

本实验通过测定叶绿素含量、叶绿素荧光效率、净光合速率、光-光合响应曲线、CO_2-光合响应曲线、呼吸速率等生理生化指标在植物受水分胁迫的变化,从生理生化角度说明植物对水分胁迫的反应特点,并为筛选适用于干旱早期诊断的指标提供依据。

三、主要仪器设备

800mL 白瓷缸 6 个、10mL 和 1000mL 量筒、移液管、滴管、普通棉花、研钵、漏斗、试管与试管架、锥形瓶、水浴锅、扫描分光光度计、pH 试纸、冷冻离心机、分光光度计、冰箱、恒温水浴、剪刀、离心管、具塞试管、洗耳球、针筒、0.1mL 微量进样器、遮光用黑布、厘米尺、天平、剪刀、纱布、Li-6400 便携式光合仪、超便携调制叶绿素荧光仪(MINI-PAM)、Chlorolab-2 氧电极[包括氧电极、氧电极控制盒(带有电磁搅拌器)、反应杯、光源、外接电脑等]、电导仪。

四、实验材料与试剂

(一)营养贮备液的配制(采用改进过的 Hoagland 营养液配方)

1. 大量元素均配制成 1mol/L 的母液,分别是 KH_2PO_4、$MgSO_4 \cdot 7H_2O$、$Ca(NO_3)_2$、KNO_3。

EDTA-Fe 的配制：将 2.68g 乙二胺四乙酸二钠（$Na_2C_{10}H_{14}O_3N_2$）溶解在 1000mL 蒸馏水中，加热，趁热加入 1.980g $FeSO_4 \cdot 7H_2O$，并搅拌均匀。

2. 微量元素：分别称取 H_3BO_3 2.86g、$ZnSO_4 \cdot 7H_2O$ 0.222g、$NaMoO_4$ 0.025g、$MnSO_4 \cdot 4H_2O$ 2.11g、$CuSO_4 \cdot 5H_2O$ 0.079g，共同溶于 800mL 蒸馏水中，加水至 1000mL。

（二）其他试剂

1. 0.1mol/L HCl。

2. 0.1mol/L NaOH。

3. 氧电极测定介质测定：50mmol/L pH7.5 的 Tris-HCl 缓冲溶液，内含 50mmol/L 的 HCO_3^-。称取 6.05g Tris（三羟甲基氨基甲烷）、2.1g $NaHCO_3$ 溶于 800～900mL 水中，滴加 1mol/L HCl，调至 pH7.5，加水至 1000mL。除此之外，测定介质还可用磷酸、Hepes、Tricine 等 pH7.5 50mmol/L 的缓冲液。仅用 pH7.5 的 50mmol/L $NaHCO_3$ 的水溶液也可作测定介质。

4. 半饱和的氯化钾溶液（0.5mol/L KCl）：称取 1.86g KCl 溶于 50mL 蒸馏水中（配好后可长时间使用）。

5. 5mmol/L DCMU［称 23.2mg DCMU 溶于 20mL 甲醇中］。

6. 无水亚硫酸钠（除氧剂）。

（三）实验材料

羊草（*Leymus chinensis*）幼苗或者其他待测植物的幼苗。

五、实验方法与操作步骤

（一）幼苗的移栽和无土栽培

1. 1/2Hoagland 培养液的配制

先用带刻度的烧杯量取约 600mL 蒸馏水，置入干净的带盖白瓷缸中，按表 9-1 分别加贮备液（mL），并做好标注，后用 0.1mol/L HCl 或 0.1mol/L NaOH 调 pH 为 5.6～6.0 后，加水至培养缸边沿。

表 9-1 培养液配制表

	KH_2PO_4	$MgSO_4$	$Ca(NO_3)_2$	KNO_3	EDTA-Fe	微量元素
用量/mL	1	1	1.5	1	1	0.5

2. 幼苗移栽

选择健壮且长势一致的幼苗，测量并记录株高。用水浸泡几分钟，洗净根部蛭石,用棉花轻裹茎基部,小心固定在白瓷缸盖的孔内,切忌避免让基部受到损伤,并使根部恰好浸于营养液中,移栽后放于培养室内。

(二) 干旱胁迫处理

7天后,分别向1~4号编号的培养缸中加入0g、50g、100g PEG 6000,混匀后用蒸馏水将培养缸补充水分至培养缸边沿,PEG浓度为0%、6%、12%。每组处理3个重复,共9盆。

(三) 生理生化指标的测定

1. Li-6400对叶片光合速率-光响应曲线的测定

选择晴天的上午,采用便携式光合作用系统(Li-6400 USA)测定不同光合有效辐射强度[Li-6400 LED红/蓝光源控制叶室内的光强,梯度为1900μmol/(m^2·s)、1500μmol/(m^2·s)、1100μmol/(m^2·s)、700μmol/(m^2·s)、400μmol/(m^2·s)、200μmol/(m^2·s)、100μmol/(m^2·s)、60μmol/(m^2·s)、30μmol/(m^2·s)、0μmol/(m^2·s)]下的净光合速率(Pn),其中叶片和叶室的温度设定为25℃,所得结果用于光合速率-光响应曲线的模拟。其中,每个设定光强下所采集的净光合速率数据为3min内所观测值的平均值。

采用直角双曲线方程来估算光合速率-光曲线方程,其表达式如下:$P_n = \alpha \cdot PAR \cdot P_{max}/(\alpha \cdot PAR + P_{max}) - Rd$,其中,$P_n$为光合速率[$\mu$mol CO$_2$/(m^2·s)];$P_{max}$为一定CO$_2$浓度下最大光合速率[$\mu$mol CO$_2$/(m^2·s)];$\alpha$为光合速率的光响应曲线的初始斜率,即0~200$\mu$mol/(m^2·s)PAR下的直线模拟所得斜率,它反映了表观量子效率(AQY)(μmol CO$_2$/μmol photons);PAR为光合有效辐射通量密度[μmol photons/(m^2·s)];R_d为暗呼吸速率[μmol CO$_2$/(m^2·s)]。

利用SPSS软件中的Nonlinear regression方法来估计光合速率-光响应曲线模型的参数,并对曲线的拟合程度进行检验;利用SPSS 15.0软件进行单因素方差分析和曲线之间差异性的分析;利用EXCEL软件进行常规图表的制作。

通过以上分析,给出直角双曲线光合-光响应曲线的方程,并根据以下公式计算光补偿点(LCP)和光饱和点所对应的光强值。

LCP:PARLCP=$P_{max} \cdot R_d/\alpha/(P_{max} - R_d)$

LSP:PARLSP=$P_{max} \cdot (0.78 \cdot P_{max} + R_d)/\alpha/(0.22 \cdot P_{max} - R_d)$

2. 叶片光合速率-CO$_2$响应曲线的测定

在通过光合作用对光强变化响应的观测确知自然条件下生长的羊草叶片光合作用饱和光强的前提下,先让待测叶片在饱和光强下和普通空气中诱导约60min。在光合作用达到稳定状态后,依次在CO$_2$浓度分别为350μmol/mol、250μmol/mol、200μmol/mol、150μmol/mol、100μmol/mol、50μmol/mol、350μmol/mol、500μmol/mol、

700 μmol/mol、900 μmol/mol、1200 μmol/mol、1500 μmol/mol、1800 μmol/mol 条件下,测定其净光合速率(Pn)。其中,叶片和叶室的温度设定为 25℃,所得结果用于光合速率-CO_2 响应曲线的模拟。每个设定光强下所采集的净光合速率数据为 3min 内所观测值的平均值。

采用直角双曲线方程来估算光合速率-CO_2 响应曲线方程,其表达式如下: $P_n = CE \cdot C_i \cdot P_{max}/(CE \cdot C_i + P_{max}) - Resp$,其中,$P_n$ 为光合速率[μmol CO_2/($m^2 \cdot s$)];P_{max} 为一定饱和光强下浓度下最大光合速率[μmol CO_2/($m^2 \cdot s$)];CE 为光合速率的 CO_2 响应曲线的初始斜率,它反映了 Rubisco 的初始羧化效率;C_i 为胞间 CO_2 浓度[μmol/($m^2 \cdot s$)];Resp 为光呼吸速率[μmol CO_2/($m^2 \cdot s$)](由于光下暗呼吸很小,可以近似将光下叶片向空气中释放 CO_2 的速率看成是光呼吸速率)。

3. 叶绿素荧光参数及快速光响应曲线的测定

(1) 叶绿素荧光参数的测定

植株暗适应 40min,波峰为 650nm,强度为 0.1 μmol/($m^2 \cdot s$) 的红光下测得初始荧光(F_o),最大荧光(F_m)于强度为 10 000 μmol/($m^2 \cdot s$) 的饱和脉冲光下测得,脉冲时间为 0.8s 后测量的 PSⅡ 最大量子产量 F_v/F_m。在光照强度为 250 μmol/($m^2 \cdot s$) 的光化光下测定稳态荧光(F_t),待 F_t 稳定后,打开一次饱和脉冲光测得光适应后的最大荧光(F'_m)。根据以上参数计算暗适应后的参数:

可变荧光 $F_v = F_m - F_o$

PSⅡ 的最大光化学效率 $F_v/F_m = (F_m - F_o)/F_m$

PSⅡ 的潜在活性 $F_v/F_o = (F_m - F_o)/F_o$

光适应下 PSⅡ 的实际光化学效率 $Y(Ⅱ) = \Phi PSⅡ = F_m - F_t/F'_m$

光合电子传递速率 $ETR(Ⅱ) = Y(Ⅱ) \times PAR \times 0.84 \times 0.5$

光化学猝灭系数 $qP = (F'_m - F_t)/(F'_m - F'_0)$

非光化学猝灭系数 $NPQ = (F_m - F'_m)/F'_m$

(2) 快速光曲线的测定

将超便携调制叶绿素荧光仪(MINI-PAM,Walz,Germany)与计算机连接,使用 WinControl-3-3.18 软件运行 Light Curve 程序,对样品进行测量。设置 11 个 PAR 梯度:0 μmol/($m^2 \cdot s$)、30 μmol/($m^2 \cdot s$)、60 μmol/($m^2 \cdot s$)、100 μmol/($m^2 \cdot s$)、200 μmol/($m^2 \cdot s$)、400 μmol/($m^2 \cdot s$)、700 μmol/($m^2 \cdot s$)、1100 μmol/($m^2 \cdot s$)、1500 μmol/($m^2 \cdot s$)、1900 μmol/($m^2 \cdot s$)、2400 μmol/($m^2 \cdot s$),每个梯度持续 20 s,软件自动给出并记录对应的 rETR。rETR 随 PAR 的变化趋势图即为快速光曲线。

快速光曲线拟合利用公式拟合曲线。

4. Chlorolab-2 氧电极测定植物的光合速率和呼吸速率

(1) 氧电极仪的安装和调试:具体操作参照仪器使用说明书。

(2) 植物的光合速率与呼吸速率的测定

① 材料准备:取羊草叶片,用双面刀片划取一定面积(按每毫升反应体积需 0.5cm² 叶片取样)。将叶块放入盛有测定介质(0.05mol/L NaHCO₃)的大针筒中,进行手工真空渗入,排除叶内气体,使叶块下沉。然后将下沉的叶块取出,用眼科手术剪刀剪成面积不超过 1cm² 的小片(计算结果标准化时需要,所以叶片需要保留,后用于叶片体积及质量的计算),并将其固定在叶夹上,放入盛有测定介质的离心管中。

② 呼吸测定:把下沉叶片连同测定介质(计算结果标准化时需要,所以测定介质的体积一定要固定且准确记录)一起倒入反应杯,盖上反应杯塞,多余介质溢出(对不进行真空渗入的叶碎片,在放入反应杯后,先盖盖子,然后从注液孔中补充反应介质)。开启电磁搅拌器,显示器给出测定曲线。

③ 光合测定:打开光源,给反应杯照光。因光合滞后期的缘故,叶片在照光初期仍处于耗氧状态,需过 1~3min 后才由耗氧转为放氧,待线走直,再记录 2~3min。

④ 光合抑制:待光合放氧处于稳态时,用微量进样器向反应杯注入 10μL 5mmol/L DCMU,中止反应。约 2min 后,停止记录。用真空泵抽吸除去废液,用蒸馏水反复冲洗反应杯。测定完毕时,将反应杯中水吸干,并盖上反应杯盖子,测定下一个样品。

⑤ 用仪器自带的 Windows 计算软件来计算光合和呼吸速率。

⑥ 用软件最初计算出来的速率单位为: $\mu mol\ O_2/(mL \cdot min)$,用户应根据实际加入的样品的重量(或者面积)及反应杯中的液体的体积再进行换算,计算出实际呼吸(或者光合)速率 $[\mu mol\ O_2/(m^2 \cdot s)]$。

【注意事项】

①氧电极对温度变化很敏感,故测定时需恒定反应体系的温度。②电极在使用过程中会发生污染,电解液浓度也会逐渐改变,使灵敏度下降。因此每次使用前,需用专用清洗剂擦洗电极,重新安装电极膜。③单独测定呼吸速率时,测定介质中可不必加 NaHCO₃。④室内培养的材料,应该预先用强光照射,以促使气孔打开。⑤氧电极测定光合速率的数值通常较空气中低,必要时设法校正。⑥应注意避免反应杯内存在气泡,或叶片切得过大,或搅拌速率不匀,因为这些因素都会使记录曲线扭曲。

5. 质膜透性的测定

(1) 选取叶龄、部位相同的羊草叶片,包在湿纱布内,置于带盖的搪瓷盆中。用自来水轻轻冲洗叶片,除去表面污物,再用去离子水冲洗 1~2 次,用干净纱布轻轻吸干叶片表面水分,然后保存在湿纱布中,以防叶片失水。可用刀片将叶片切成 3cm 长段。

（2）按甲、乙两组分别称取样品0.50g，每组做4个平行样，将样品放入试管中，用带十字头的小玻璃棒轻轻压住材料，准确加入20mL去离子水，浸没样品。

（3）甲组样品放入真空干燥器中，用真空泵反复抽放气3~4次，除去水与叶表面之间和细胞间隙中的空气，使叶组织内电解质易渗出。为使减压条件一致，最好接一个真空压力表，将压力控制在400~500mmHg。减压渗透0.5h后可恢复常压，在20~30℃温度条件下振荡、保温2~3h。

（4）乙组样品置沸水浴中煮沸10~15min，以便杀死组织，使细胞膜变成全透性。静置冷却，最后用去离子水精确地补足至20mL。

（5）将甲、乙两组样品的组织外渗液，用电导仪测出电导率，其中，甲组外渗液测得结果记作S_1，乙组外渗液测得结果记作S_2。

按照以上操作，对照组和PEG处理组分别进行。

（6）计算

电解质的相对外渗率(%)＝甲组外渗液电导率(μS/cm)/乙组外渗液电导率(μS/cm)×100

即
$$L(\%)=S_1/S_2\times100\%$$

电解质的相对外渗率(也称为相对电导率)的大小表示细胞膜受伤害的程度。由于对照组叶片也有少量电解质外渗，故可按下式计算由于PEG处理引起的干旱胁迫而产生的外渗，称为伤害度(或伤害性外渗)：

$$伤害度(\%)=(L_t-L_c)/(1-L_c)\times100\%$$

式中，L_t为处理组叶片的电解质的相对外渗率；L_c为对照叶片的电解质的相对外渗率。

在电解质的相对外渗率的测定中一般应用去离子水，若制备困难可用普通蒸馏水代替，但需要设一空白试管(去离子水或蒸馏水作空白)，测定样品时同时测定空白电导率S_c，按下式计算电解质的相对外渗率，即

$$L(\%)=(S_1-S_c)/(S_2-S_c)\times100\%$$

六、思考题

Li-6400、叶绿素荧光和氧电极法测定光合能力的原理的差异是什么？

参考文献

高玉葆，石福臣. 2008. 植物生物学与生态学实验. 北京：科学出版社.

姬明飞，丁东粮，吴寿方，等. 2013. 4种蒿属植物的光合光响应曲线及其拟合模型. 草业科学，30(5)：716-722.

叶子飘，于强. 2009. 光合作用对胞间和大气CO_2响应曲线的比较. 生态学杂志，28(11)：2233-2238.

叶子飘. 2010. 光合作用对光和 CO_2 响应模型的研究进展. 植物生态学报,34(6):727-740.

应叶青,郭璟,魏建芬,等. 2009. 水分胁迫下毛竹幼苗光合及叶绿素荧光特性的响应. 北京林业大学学报,31(6):128-133.

张子山,杨程,高辉远,等. 2012. 保绿玉米与早衰玉米叶片衰老过程中叶绿素降解与光合作用光化学活性的关系. 中国农业科学,45(23):4794-4800.

实验十　不同光周期处理对浮萍淀粉积累的影响

一、实验目的与要求

1. 理解不同光周期处理对植物淀粉合成和积累的影响。
2. 理解淀粉的积累规律。
3. 掌握淀粉的测定方法。

二、实验原理与技术应用

光照条件下,植物叶片通过光合作用产生淀粉。淀粉的合成和积累与光照强度和光周期等密不可分。不同的光周期对植物淀粉的生物合成会产生直接的影响。淀粉是由葡萄糖残基组成的多糖,在酸性条件下加热,淀粉可以水解成葡萄糖。然后葡萄糖在浓硫酸的作用下,可以脱水生成糠醛类化合物,利用苯酚或蒽酮试剂与糠醛化合物的显色反应,即可进行比色测定。本实验采用蒽酮显色法测定。

水生植物浮萍(lemnaceae)是最小的开花植物之一,通常以出芽法进行无性繁殖,生长周期极短,2~3天繁殖一代。另外,浮萍的光合效率高,生物量高于其他开花植物,在不同光照和营养胁迫等环境条件下,其淀粉含量约占干重的3%~75%。本实验以紫萍为实验材料进行光周期对淀粉合成和积累影响的研究。

近年来,养殖浮萍备受青睐和关注,被誉为新型的生物能源植物。不仅因为养殖浮萍没有占用耕地面积,而且由于其耐受富含高营养的工业或养猪场废水,并能在其中正常生长,所以可以利用这些废水来饲养浮萍,在富积水体中磷和氮、吸收重金属、净化污水的同时,还能生产淀粉。同时,由于有些浮萍的转基因技术已经成熟,为更好地开发应用浮萍提供了极好的技术支撑。所以,研究不同环境条件对浮萍生长发育和淀粉合成与积累的影响意义重大。

三、主要仪器设备

灭菌锅、超净工作台、离心机、分光光度计、水浴锅、照度计等。

四、主要试剂

1. Hutner 培养基(蔗糖1%,pH5.6~6.0)
2. 浓硫酸
3. 9.2mol/L $HClO_4$
4. 2%蒽酮试剂(取分析纯蒽酮1g,溶于50mL乙酸乙酯)

5. 淀粉标准液

五、实验方法与操作步骤

（一）浮萍的培养

1. 配制培养基,高压灭菌后,分装于100mL三角烧瓶。
2. 转接浮萍,每瓶接入生长状态一致的浮萍于长日照条件(光照16h,黑暗8h)下培养,使其生长繁殖。

（二）浮萍的光周期处理

将长日照条件下生长扩繁8天后的浮萍分别进行如下不同光周期培养1周：
1. 长日照条件(L16h/D8h)
2. 短日照条件(L8h/D16h)
3. 完全黑暗(D24h)

（三）淀粉标准液的配制

1. 准确称取100mg纯淀粉,放入100mL容量瓶中,加入60~70mL热蒸馏水混合。
2. 将容量瓶放入沸水浴中煮沸0.5h,冷却后加蒸馏水稀释至刻度,成为1mg/mL淀粉溶液。
3. 吸取1mg/mL淀粉溶液5.0mL,加蒸馏水稀释至50mL,即为100μg/mL淀粉标准液。

（四）标准曲线的制作

1. 取11支小试管,依次编号为0~10,按表10-1中标准液和蒸馏水量配制成不同含量的淀粉溶液。

表10-1 各试管加入标准液和蒸馏水的量

管号	0	1~2	3~4	5~6	7~8	9~10
淀粉标准液/mL	0	0.4	0.8	1.2	1.6	2.0
蒸馏水/mL	2.0	1.6	1.2	0.8	0.4	0
淀粉含量/μg	0	40	80	120	160	200

2. 依次向各试管中分别加入0.5mL蒽酮乙酸乙酯试剂和5mL浓硫酸,充分振荡后,立即放入沸水浴中保温1min。

3. 取出后自然冷却至室温,以空白作参比,在 630nm 波长下测其光密度,以光密度为纵坐标、以淀粉含量为横坐标,运用 Excel 绘制标准曲线,并得到回归方程。

（五）淀粉样品的提取

1. 分别称取鲜重为 0.02g、0.04g、0.06g 不同光周期培养的浮萍,各 3 份。分别放入 3 支刻度试管中,加入 5～10mL 蒸馏水,用塑料薄膜封口后,于沸水中提取 30min 后,再重复提取 1 次。

2. 将残渣移入 50mL 离心管中,加 10mL 热蒸馏水,放入沸水浴中煮沸 15min,再加入 9.2mol/L 高氯酸 1mL 提取 15min,冷却后,混匀,2500r/min 离心 10min,并用蒸馏水补齐到 25mL。

（六）淀粉含量的测定

同标准曲线制作过程,测各反应管的 630nm 光密度,并记录。

（七）淀粉含量的计算

淀粉水解时,在单糖残基上加了 1 分子水,因而计算时所得的淀粉量乘以 0.9 才为扣除加入水量后的实际淀粉含量。

$$淀粉含量(\%) = \frac{c \times \dfrac{V}{a}}{W \times 10^6} \times 100$$

其中,C 为标准曲线查得的淀粉含量(μg);V 为提取液总量(mL);a 为显色时取液量(mL);W 为样品重(g)。

六、思考题

分析不同光周期处理对浮萍叶状体淀粉合成和积累的影响。

参 考 文 献

朱晔荣,李亚辉,刘苗苗,等. 2013. 新型能源植物浮萍生物质能的研究与开发. 自然杂志,35(5):359-364.
邹琦. 2000. 植物生理学实验指导. 北京:中国农业出版社:113-114.
Ge X M, Zhang N N, Phillips G C, et al. 2012. Growing *Lemna minor* in agricultural wastewater and converting the duckweed biomass to ethanol. Bioresource Technology,124:485-488.
Weise S E, Schrager S M, Kleinbech K R, et al. 2006. Carbon balance and circadian regulation of hydrolytic and phosphorolytic breakdown of transitory starch. Plant Physiology,141:879-886.

实验十一 植物硝酸还原酶活性的测定

一、实验目的与要求

1. 理解硝酸还原酶在不同植物间作用的差异。
2. 加深对硝酸还原酶在植物体氮素代谢中作用的理解以服务于农业生产和植物种植业。

二、实验原理与技术应用

植物的氮源主要是无机氮化物,而无机氮化物中又以铵盐和硝酸盐为主,约占土壤含氮量的1‰~2‰。植物吸收铵盐后可直接用于氨基酸的合成,而如果吸收了硝酸盐,则必须通过硝酸还原酶(nitrate reductase,NR)进行代谢还原才能被植物利用。另一方面,因为NR与植物吸收利用氮肥有关,对农作物产量和品质有重要影响,因而硝酸还原酶活性被当成是植物营养或农田施肥的指标之一,也可作为品种选育的指标之一,因此关于NR活性影响的研究也具有重要的实际应用价值。

硝酸还原酶(NR)是植物氮素同化的关键酶,它催化植物体内的硝酸盐还原为亚硝酸盐:$NO_3^- + NADH + H^+ \xrightarrow{NR} NO_2^- + NAD^+ + H_2O$,产生的亚硝酸盐与对氨基苯磺酸(或对氨基苯磺酰胺)及α-萘胺(或萘基乙烯胺)在酸性条件下定量生成红色偶氮化合物。生成的红色偶氮化合物在520nm处有最大吸收峰,可用分光光度法测定。硝酸还原酶活性可由产生的亚硝态氮的量表示。一般以单位时间内每克鲜重含氮量表示,即以$\mu g/(g \cdot h)$为单位。NR的测定可分为活体法和离体法。活体法步骤简单,适合快速、多组测定;离体法复杂,但重复性较好。

随着科学的发展和技术的进步,关于NR活性调节的可能机制已经被广泛研究,结果表明:除受到NO_3^-底物浓度、光、培养环境因子等方面的影响外,在植物N代谢中,NH_4^+浓度对NR活性也有影响;最为重要的是,在相同条件下对不同植物进行NR诱导,所得结果也会大相径庭。

本实验以多种植物材料为对象,检测了不同植物硝酸还原酶对KNO_3诱导的敏感性问题,并进一步检测了两种N源(NO_3^-和NH_4^+)对植物硝酸还原酶诱导敏感性的影响。采用水培的方式开展实验,有利于避免固体培养基质成分复杂对实验结果的影响。

三、主要仪器设备

800mL 白瓷缸 6 个、10mL 和 1000mL 量筒、移液管、滴管、普通棉花、研钵、漏斗、试管与试管架、锥形瓶、水浴锅、扫描分光光度计、pH 试纸、冷冻离心机、分光光度计、天平（感量 0.1mg）、冰箱、恒温水浴、剪刀、离心管、具塞试管、移液管、洗耳球。

四、实验材料与试剂

(一) 营养贮备液的配制（采用改进过的 Hoagland 营养液配方）

1. 大量元素均配制成 1mol/L 的母液，分别是 KH_2PO_4、$MgSO_4 \cdot 7H_2O$、KCl、$CaCl_2$、$(NH_4)_2SO_4$、KNO_3。

EDTA-Fe 的配制：将 2.68g 乙二胺四乙酸二钠（$Na_2C_{10}H_{14}O_8N_2$）溶解在 1000mL 蒸馏水中，加热，趁热加入 1.980g $FeSO_4 \cdot 7H_2O$，并搅拌均匀。

2. 微量元素：分别称取 H_3BO_3 2.86g、$ZnSO_4 \cdot 7H_2O$ 0.222g、$NaMoO_4$ 0.025g、$MnSO_4 \cdot 4H_2O$ 2.11g、$CuSO_4 \cdot 5H_2O$ 0.079g，共同溶于 800mL 蒸馏水中，加水至 1000mL。

(二) 其他试剂

(1) 0.1mol/L HCl

(2) 0.1mol/L NaOH

(3) 亚硝酸钠标准溶液：准确称取分析纯 $NaNO_2$ 0.9857 g 溶于无离子水后定容至 1000mL，然后再吸取 5mL 定容至 1000mL，即为含亚硝态氮的 1μg/mL 的标准液。

(4) 0.1 mol/L pH7.5 的磷酸缓冲液：$Na_2HPO_4 \cdot 12H_2O$ 30.0905g 与 $NaH_2PO_4 \cdot 2H_2O$ 2.4965g 加无离子水溶解后定容至 1000mL。

(5) 1‰磺胺溶液：1.0g 磺胺溶于 100mL 3mol/L 乙酸中（17.34mL 99% 乙酸加水定容至 100mL，即可）。

(6) 0.02% 萘基乙烯胺溶液：0.0200g 萘基乙烯胺溶于 100mL 3mol/L 乙酸中（17.34mL 99% 乙酸加水定容至 100mL），贮于棕色瓶中（由于萘基乙烯胺溶解较慢，建议提前一天配制，过夜后使用）。

(7) 0.1mol/L KNO_3 溶液：2.5275 g KNO_3 溶于 250mL 0.1mol/L pH7.5 的磷酸缓冲液。

(8) 0.025mol/L pH7.8 的磷酸缓冲液：8.8640g $Na_2HPO_4 \cdot 12H_2O$，0.0570g $K_2HPO_4 \cdot 3H_2O$ 溶于 1000mL 无离子水中。

(9) 提取缓冲液：0.1211g 半胱氨酸、0.0372g EDTA 溶于 100mL pH 7.8 0.025mol/L 的磷酸缓冲液中。

(10) 2mg/mL NADH 溶液：2mg NADH 溶于 1mL 0.1mol/L pH7.5 磷酸缓冲液中(临用前配制)。

(三) 实验材料

小麦(*Triticum aestivum*)、玉米(*Zea mays*)、辣椒(*Capsicum annuum*)、白菜(*Beassica pekinensis*)、萝卜(*Raphanus sativus*)、番茄(*Lycopersicon esculintum*)、油菜(*Brassica campestris*)等植物幼苗。

五、实验方法与操作步骤

(一) 幼苗的移栽和无土栽培

培养液配制：先用带刻度的烧杯量取约 600mL 蒸馏水，置入干净的带盖白瓷缸中，按表 11-1 分别加贮备液(mL)并做好标注，后用 0.1mol/L HCl 或 0.1mol/L NaOH 调 pH 为 5.6~6.0，加水至瓷缸边沿。

表 11-1　培养液配制表　　　　　　　(单位：mL)

	KH_2PO_4	$MgSO_4$	KCl	$CaCl_2$	$(NH_4)_2SO_4$	KNO_3	EDTA-Fe	微量元素
A-1	2	2	2	3	0	0	2	1
A-2	2	2	2	3	0	0	2	1
B-1	2	2	2	3	3	0	2	1
B-2	2	2	2	3	3	0	2	1
C-1	2	2	2	3	0	6	2	1
C-2	2	2	2	3	0	6	2	1

(二) KNO_3 对植物硝酸还原酶的诱导

3 天后，按表 11-2 所示添加 1mol/L KNO_3 溶液(最终浓度 8mmol/L)(如作梯度设置，则还需要增加 KNO_3 溶液用量，最高可到 50mmol/L)，用于硝酸还原酶的诱导。1 天后，用于硝酸还原酶的测定。

表 11-2　培养液配制表　　　　　　　(单位：mL)

	A-1	A-2	B-1	B-2	C-1	C-2
KNO_3 (1mol/L)	0	6	0	6	0	6

(三) 植物体内硝酸还原酶活力的测定(离体法)

1. 标准曲线制作:取 7 支洁净烘干的 15mL 刻度试管按下表顺序加入试剂,配成 0~2.0μg 的系列标准亚硝态氮溶液(表 11-3)。摇匀后在 25℃下保温 30min,然后在 520nm 下比色测定。以亚硝态氮浓度(μg/mL)为横坐标(x)、吸光值为纵坐标(y)建立回归方程:$y=ax$。

表 11-3 0~3.0μg 的系列标准亚硝态氮溶液配制表

	管号	1	2	3	4	5	6	7
试剂取量/mL	亚硝酸钠标准液	0	0.15	0.30	0.60	0.90	1.20	1.80
	蒸馏水	2.0	1.85	1.70	1.40	1.10	0.80	0.20
	1%磺胺	2	2	2	2	2	2	2
	0.2%萘基乙烯胺	2	2	2	2	2	2	2
每管亚硝态氮浓度/(μg/mL)		0	0.025	0.05	0.10	0.15	0.20	0.30
O.D.$_{520nm}$								

2. 样品中硝酸还原酶活力测定

(1) 酶的提取:称取同一种实验材料的实验组和对照组各 0.5~1.0g 新鲜叶片(每种材料都需要取样),于研钵中剪碎置低温冰箱冰冻 30min,取出置于冰浴中并加少量石英砂及提取缓冲液,研磨成匀浆,转移入离心管中,用提取缓冲液洗研钵 2~3 次,共用提取缓冲液 6mL,两两配平后,在 4℃、8000r/min 离心 10min,上清液即为粗酶提取液。

(2) 酶反应:每种植物材料用 4 个 10mL 试管,按照表 11-4 设计分别加入磷酸缓冲液和 NADH 溶液及粗酶液等,混匀,在 25℃水浴中保温 30min。

表 11-4 酶反应体系配制表

反应底物 酶反应管	粗酶液/mL	0.1mol/L KNO$_3$ 磷酸缓冲液/mL	NADH 溶液/mL	0.1mol/L pH7.5 磷酸缓冲液/mL
非诱导-对照	1.0	1.6	0	0.4
非诱导-实验	1.0	1.6	0.4	0
诱导-对照	1.0	1.6	0	0.4
诱导-实验	1.0	1.6	0.4	0

(3) 终止反应和比色测定:保温结束后立即加入 3mL 磺胺溶液终止酶反应,再加 3mL 萘基乙烯胺溶液,显色并用滤纸过滤,30min 后将滤液在 520nm 下比色测定。根据标准曲线 $y=ax$,计算出反应液中所产生的亚硝态氮含量 X(μg/mL),$X=OD$(反应组)$/a$。

3. 结果计算

样品中酶活性$[\mu g/(g \cdot h)] = X \cdot (V_3/V_2) \cdot V_1/(W \cdot t)$

其中，X 为反应液酶催化产生的亚硝态氮浓度($\mu g/mL$)；V_1 为提取酶时加入的缓冲液体积(mL)；V_2 为酶反应时加入的粗酶液体积(mL)；V_3 为与磺胺等发生颜色反应的总体积(mL)；W 为样品质量(g)；t 为反应时间(h)。

六、注意事项

1. 硝酸还原酶容易失活，离体法测定时，操作应迅速，并且在4℃下进行。
2. 硝酸盐还原过程应在黑暗中进行，以防亚硝酸盐还原为氨。
3. 制作标准曲线和酶反应后，从显色到比色时间尽可能要一致，显色时间过长或过短对颜色都有影响。
4. 磺胺和萘基乙烯胺溶液加入顺序不能颠倒。

七、思考题

1. 分析各组处理的目的和意义分别是什么？
2. 比较不同植物材料，以及不同处理所得酶活性，并分析其中的原因。

参 考 文 献

杜永成,王玉波,范文婷,等. 2012. 不同氮素水平对甜菜硝酸还原酶和亚硝酸还原酶活性的影响. 植物营养与肥料学报,18(3):717-723.

高玉葆,石福臣. 2008. 植物生物学与生态学实验. 北京:科学出版社.

李双双,付驰,孙继,等. 2012. 施氮量对春小麦根系生理活性及籽粒蛋白品质的影响. 麦类作物学报,32(6):1139-1143.

王学颖,韩士里,郭守华. 2010. 苹果叶片硝酸还原酶活性测定体系的优化研究. 北方园艺,(6):52-55.

王忠. 1999. 植物生理学. 北京:中国农业出版社:264-352.

杨洪兵. 2013. 渗透胁迫和盐胁迫对荞麦硝酸还原酶及亚硝酸还原酶活性的影响. 作物杂志,(3):53-55.

May Sandar Kyaing,顾立江,程红梅. 2011. 植物中硝酸还原酶和亚硝酸还原酶的作用. 生物技术进展,1(3):159-164.

实验十二　叶绿体分离与体外转化

一、实验目的与要求

1. 了解植物细胞器结构与遗传学特性。
2. 学习叶绿体分离和转化操作技术。

二、实验原理与技术应用

植物细胞拥有细胞核、质体和线粒体三套基因组。质体(plastid)起源于内共生的蓝细菌,在光合组织中的质体称为叶绿体(chloroplast)。叶绿体是植物细胞进行光合作用的场所。

高等植物叶肉细胞含有 50~200 个叶绿体,其叶绿体内部具有相对独立的环境,其基因组拷贝数很高,一个细胞甚至可达上万个。此外,植物叶绿体多为母系遗传,具有定点整合和表达原核性特点,而且在叶绿体内累积的蛋白质可以有效避免胞质中蛋白酶系统的降解。叶绿体这些特点使其成为解决植物核转基因逃逸难题的突破口和提高外源基因表达水平的理想新型生物反应器。采用叶绿体分离方法,可以在离体条件下进行叶绿体转化和基因表达的瞬时检测,是叶绿体基因表达与调控相关研究的一种快捷技术。

叶绿体具有双层生物膜结构,高等植物叶绿体直径为 5~10μm,厚 2~4μm,根据细胞器颗粒大小、重量和密度的不同,选择应用过滤和离心技术进行细胞器分离。为了提高所分离的细胞器形态和功能的完好性,在提取叶绿体前将无菌苗进行遮光 4℃过夜预处理以消耗细胞内积累的淀粉粒,并采用组织研磨方法减小叶绿体受压挤作用;同时在破碎细胞和分离的过程中采用低温操作,防止细胞氧化酶类的负面影响。图 12-1 是以本方法分离的波菜叶绿体。

电穿孔(electroporation)是通过高强度的电场作用,瞬时提高细胞膜的通透性,使外源核酸、蛋白质、糖类、染料及病毒颗粒等导入原核和真核细胞内的常见技术,经电穿孔进行的遗传转化方法称为电转化(electric transformation),是一种广泛应用于动植物和微生物基础与应用研究的有效转化途径。

三、主要仪器设备

高速离心机、电转化仪、电泳仪、电泳槽、凝胶成像仪等。

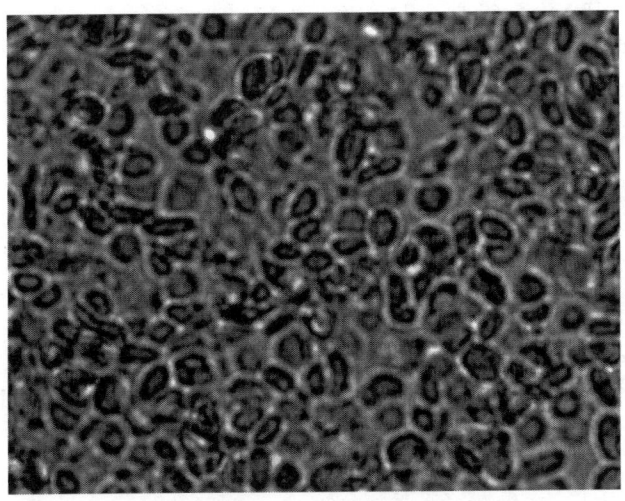

图 12-1 分离的菠菜叶绿体

四、主要试剂

1. 10%次氯酸钠
2. 叶绿体分离缓冲液

Buffer A

$$\begin{cases} 柠檬酸 & 25mmol/L \\ NaCl & 1.25mol/L \\ 抗坏血酸 & 0.25mol/L \end{cases}$$

Buffer B

$$\begin{cases} Tris·Cl & 50mmol/L \\ EDTA(pH8.0) & 25mol/L \\ NaCl & 1.25\ mmol/L \end{cases}$$

Buffer C

$$\begin{cases} NaCl & 0.15mol/L \\ EDTA(pH8.0) & 0.1mol/L \end{cases}$$

3. 贮备液：1mol/L Tris-HCl(pH8.0)；0.5mol/L EDTA(pH8.0)；10% SDS；50×TAE（Tris 121.0g，冰醋酸 28.55mol/L，0.5mol/L EDTA 50.0mol/L，pH8.0）

4. 0.33mol/L 山梨醇

5. DNase I

6. 叶绿体裂解液缓冲液：0.1mol/L Tris-HCl，5mol/L EDTA，0.1mol/L

NaCl,1% SDS,10mol/L 巯基乙醇

7. 质粒提取试剂盒
8. PCR 反应相关试剂
9. 琼脂糖凝胶电泳相关试剂

五、实验方法与操作步骤

(一) 黄瓜无菌苗的培养

选取籽粒饱满的黄瓜种子,室温无菌水浸泡 6~10h,以 2% 次氯酸钠(安替富民是 10% 次氯酸钠)浸泡 20min 进行无菌处理,然后用无菌水充分冲洗至无次氯酸钠气味。将种子均匀分播在湿润的无菌纱布盘中,放置在 25℃ 培养箱中,照光并保湿培养生长 7~10 天。

也可用无菌水浸泡 12h,在超净台内用 75% 乙醇消毒 30s,无菌水冲洗 2~3 次,再用 0.1% $HgCl_2$ 消毒 8min,无菌水冲洗 4~5 次,无菌滤纸上吸干其表面水分,然后接种于无菌纱布盘中,照光并保湿培养生长 7~10 天。

(二) 黄瓜叶绿体的分离

1. 无菌苗遮光,4℃ 过夜,称取新鲜黄瓜子叶 8~10g,剪碎,置于冰上预冷的研钵中。
2. 40mL Buffer A 分两次加入研钵中,并加入适量石英砂,研磨后经 6 层纱布过滤至 50mL 离心管中,4℃、800g 离心 6min,弃上清。
3. 加入 25mL Buffer B,悬浮叶绿体,4℃、800g 离心 8min,弃上清。
4. 加入 12mL Buffer C,悬浮叶绿体,4℃、1000g 离心 8min,弃上清。
5. 0.33mol/L 山梨醇溶液洗涤叶绿体 3 次。

(三) 离体叶绿体电转化

1. 将 0.33mol/L 山梨醇溶液重悬叶绿体进行冰浴。
2. 取 150~200μL 叶绿体溶液至 1.5mL 离心管中,对照组不加转化质粒。实验组加入约 1μg 转化质粒,混匀后转入预冷的转化杯中,以 13kV/cm 电压电击,记录电击时间。
3. 迅速向电转化杯中加入总量 500μL 新鲜的离体叶绿体培养液,将电击后叶绿体混匀并转移到离心管中,25℃ 摇床 150r/min 孵育至少 10min。

(四) 提取叶绿体 DNA

1. 4℃、1000g 离心收集复苏的叶绿体,1mL 叶绿体培养液洗涤 1~2 次。
2. 提取叶绿体 DNA 需加入 84μL 培养液悬浮叶绿体+6μL DNase I +10μL

Buffer,25℃消化 2h,DNase Ⅰ 为 30U。

3. 加入 0.5mol/L EDTA 4μL 至终浓度为 20mol/L,65℃水浴 20min,终止 DNase Ⅰ 反应。

4. 4℃、1000g 离心收集叶绿体,用 0.3mol/L 山梨醇洗 2～3 次,留部分上清,用作 PCR 对照。

5. 沉淀中加入 400μL 裂解液,65℃水浴 20min。

6. 加入 200μL 5mol/L KAc(pH7.0),冰浴 25～30min。4℃、12 000r/min 离心,取上清。

7. 加入 200μL Tris-酚和 200μL 氯仿/异戊醇抽提,取上清。

8. 加入 1/10 体积的 3mol/L NaAc 和 2.5 体积的无水乙醇,−20℃冰箱过夜沉淀。

9. 12 000r/min 离心 15min,弃上清。70%乙醇洗沉淀 2 次,去除上清,室温或放置 37℃温箱风干。

(五) PCR 鉴定转化结果

1. 用 10μL ddH$_2$O 溶解步骤 4 沉淀的叶绿体 DNA,并加入 0.2μL RNase,37℃处理 1h。

2. 按如下反应体系进行外源基因片段的扩增。

3. ddH$_2$O 13μL,10×rTaq Buffer 2μL,上、下游引物(20μmol/L)各 1 μL,dNTP(20mmol/L) 1.6μL,rTaq DNA 聚合酶(5U/μL)0.2μL,模板(1～20ng) 1μL,总体系为 20μL。

PCR 反应程序:

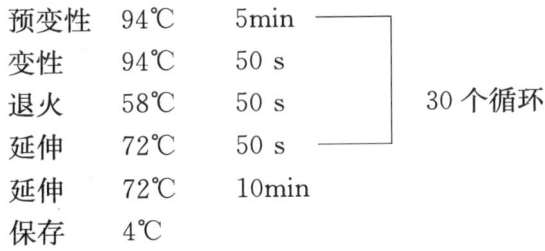

4. 琼脂糖凝胶电泳。

5. 配制 0.8%～1%琼脂糖凝胶,分别取对照和实验组叶绿体裂解液及经 DNase 处理的叶绿体沉淀上清液为模板的 PCR 反应物各 5μL 进行点样,选择合适的 DNA Marker 为分子质量标定,以外源基因的扩增或酶切产物为阳性对照进行电泳。以经 DNase 处理的转化组叶绿体裂解液为模板的 PCR 产物泳道若有外源基因,说明其成功转入离体叶绿体中。

六、思考题

1. 为什么细胞器分离应保持低温操作。
2. 试分析 0.33mol/L 山梨醇处理电转化前离体叶绿体的机理。

参 考 文 献

翟中和,王喜忠,丁明孝. 2011. 细胞生物学. 4 版. 北京:高等教育出版社.

Scharff L B,Bock R. 2014. Synthetic biology in plastids. Plant J,78(5):783-798.

Silvia R,Michèle R,Olivier S,et al. 2013. Repression of essential chloroplast genes reveals new signaling pathways and regulatory feedback loops in Chlamydomonas. The Plant Cell,25:167-186.

Singh A B K,Wani S. 2012. Plastid transformation for abiotic stress tolerance in plants. Methods Mol Biol,913:351-358.

Zheng Z W,Zheng Z X,Ruiqing L,et al. 2009. Mu transposition com plexmutagenesis in *Lactococcus lactis* identification of genes affecting nisin production. J Appl Microbiol. 106:41-48.

实验十三　拟南芥突变体表型分析及基因型鉴定

一、实验目的与要求

本实验为配合《植物分子生物学》理论课的学习而设计，以模式植物拟南芥（*Arabidopsis thaliana*）为材料，使学生初步实践植物基因功能的研究。通过本实验使学生：①了解拟南芥突变体表型分析（phenotypic analysis）、基因型分析（genotyping）的一般方法；②掌握对实验数据进行分析和作图展示的基本方法。

二、实验原理

对基因功能的研究可以通过诱变获得该基因的突变体（mutant），分析其突变体的表现型来推测该基因的功能。植物学研究中获得突变体的方法有化学诱变、物理诱变和生物诱变（转座子和 T-DNA 插入突变）。由于转座子和 T-DNA 插入突变易于分离鉴定靶位基因，因而在植物研究中应用十分广泛。拟南芥（*Arabidopsis thaliana*）为十字花科的杂草，是目前植物分子生物学研究中应用最为广泛的实验材料。目前，已经建立了公开释放的大规模拟南芥突变体库，如 SALK、SAIL、GABI-Kat 等。这些突变体库中的多数突变体的 T-DNA（或转座子）插入位点侧翼序列已经确定，因而可以根据 T-DNA 序列（或转座子序列）和插入位点两侧的目的基因序列设计引物，通过 PCR 技术对感兴趣基因的突变体进行鉴定。对突变体进行表型分析，就是在整个生活周期中，通过与野生型进行比较，确定突变体在形态、生长发育等方面有无异常。

三、主要仪器设备

所需仪器：植物光照培养箱、PCR 仪、pH 计、体式显微镜、离心机、电子天平、超净工作台和高压灭菌锅等。

实验器材：记号笔、量筒、微量移液器、吸头、试剂瓶、无菌塑料方平皿、扫描仪或者照相机等。

四、实验材料及试剂

（一）植物材料

野生型拟南芥（*Ler* 生态型）、*cpi1-1* 突变体杂合体。*cpi1-1* 突变体为拟南芥固醇合成途径关键基因 *CPI1*（At5g50375）的转座子插入突变体，插入的转座子元件为 Ds 元件。纯合的 *cpil-1* 突变体不能结种子,因此以杂合突变体传代。

(二) 实验试剂

1. MS 培养基:植物培养基成分主要包括无机营养、有机营养、糖类、植物生长调节物质、琼脂粉等。MS 培养基是 1962 年 Murashige 和 Skoog 为培养烟草材料而设计的,是应用最广泛的一种植物培养基。目前 MS 培养基有商业化的粉末可以购买,大大简化了培养基的配制程序。本实验应用的是荷兰 Duchefa Biochemie 公司生产的 MS 培养基粉末(订货号 M0222.0025)。

2. 2-(*N*-吗啉基)乙磺酸(MES),Sigma 公司(订货号 M-8250)。

3. 植物培养用琼脂粉,荷兰 Duchefa Biochemie 公司(订货号 P1001.1000)。

4. 1mol/L KOH

5. 70% 乙醇

6. 安替福民消毒液

7. 蔗糖

8. DNA 提取缓冲液

    Tris-HCl(pH7.5)   200mmol/L

    NaCl   250mmol/L

    EDTA   25mmol/L

    SDS   0.5%

Tris-HCl、NaCl、EDTA 母液用高压蒸汽灭菌,配制提取缓冲液时用无菌水定容。

9. PCR 相关试剂

五、实验方法与操作步骤

(一) 配制 MS 固体培养基

1. 配制 500mL MS 培养基,首先称取下列试剂

    MS 培养基粉末   2.2g

    MES(缓冲 pH)   0.25g

    蔗糖   5g

2. 加 400mL ddH$_2$O 溶解,用 1mol/L 的 KOH 调节 pH 到 5.8,定容到 500mL。

3. 称取 4g 植物组织培养用琼脂粉,加入上述溶液中。

4. 121℃灭菌 20min。温度降低到 80℃左右时打开灭菌锅,取出培养基,在超净工作台中稍冷却后倒入无菌塑料方平皿中。

(二) 拟南芥种子消毒、播种

拟南芥种子的消毒采用化学灭菌的方法。化学灭菌是利用具有杀菌作用的化学药剂配成一定浓度的溶液,对空气、物体表面、外植体材料、各种用具等进行灭菌处理。乙醇和次氯酸钠是两种常用的化学杀菌剂。乙醇具有较强的穿透力和杀菌力,在外植体消毒时常作为表面灭菌的第一步,具有浸润和灭菌双重作用,需要结合其他药剂才能彻底灭菌。次氯酸钠可用市售"安替福民"或者10%次氯酸钠配制而成,可分解出具有杀菌作用的氯气,灭菌后易于去除,无残留,具有杀菌力强、对植物无害的特点,是植物组织培养中常用的杀菌剂。具体实验步骤如下:

1. 配制70%乙醇,将安替福民稀释10倍。
2. 实验中所用吸头、无菌水等均采用高压蒸汽灭菌方式灭菌。
3. 实验前将超净工作台用紫外灯照射大约20min左右,无菌操作前再用70%乙醇将超净工作台台面及双手进行擦拭。
4. 将拟南芥种子(突变体及野生型)倒入1.5mL的离心管中,加入1mL 70%乙醇,颠倒混匀,放置1min(不要超过5min)。
5. 待种子全部沉到离心管底后,用1mL移液器吸取乙醇溶液,弃去(由于拟南芥种子非常小,不同的种子要换移液器吸头,以防种子互相污染)。
6. 加入1%(V/V)次氯酸钠溶液(或者安替福民),消毒10min(不要超过15min)。
7. 弃去次氯酸钠溶液,用1mL无菌水洗涤4遍。
8. 加入1mL无菌水,于4℃冰箱放置3~5天,以使萌发整齐。
9. 播种到MS培养基上:用带有吸头的移液器将拟南芥种子整齐地播种于MS平板。
10. 将播种后的平板用封口膜封好,垂直培养于植物光照培养箱中,生长5~7天后观察和拍照。培养条件:(22 ± 1)℃;光周期16h光照/8h暗;光照强度130~150$\mu mol/(m^2 \cdot s)$。

(三) 幼苗的表型观察、拍照及定量测定

1. 借助体式显微镜观察和比较培养5~7天的Ler野生型和cpi1-1突变体的形态及生长状态,并拍照。用文字描述你所观察到的cpi1-1突变体的表型。
2. 将平板进行扫描,命名和保存照片。
3. 将照片上的幼苗进行编号,利用ImageJ软件测量拟南芥幼苗(突变体和野生型)的根长及下胚轴长度。

（四）突变体基因型的鉴定

由于所播种的为 *cpi1-1* 杂合体突变体种子，会分离出野生型、杂合和纯合突变体，因此必须对所测量的幼苗进行基因型鉴定。总 DNA 的提取和基因型鉴定实验的具体操作可以参考魏春红等编著的《现代分子生物学实验技术》。*cpi1-1* 突变体的鉴定引物如下：

Ds5-1　　5′-ACGGTCGGGAAACTAGCTCTAC-3′（为 Ds 元件的边界引物）
CPI1_RP　5′-CTGCCGAGATAATGCTGTGCTT-3′
CPI1_LP　5′-CTCGGCTCACTCACTCACACT-3′

1. 利用引物 Ds5-1 和 CPI1_RP 鉴定突变体中是否有 Ds 转座子元件插入（扩增产物 500bp）。

PCR 反应体系（共 20μL）如下：

ddH_2O	11.8μL
10×反应缓冲液（含 Mg^{2+}）	2μL
dNTP(10mmol/L)	2μL
Ds5-1(10 μmol/L)	1μL
CPI1_RP(10 μmol/L)	1μL
Taq 酶(5U/μL)	0.2μL
所提的总 DNA 样品	2μL
	20μL

PCR 反应程序：
(1) 95℃　　　　　　　4min
(2) 95℃　　　　　　　30s(变性)
(3) 61℃　　　　　　　30s(退火)
(4) 72℃　　　　　　　35s(延伸)
重复步骤(2)~(4)，进行 35 个循环
(5) 72℃　　　　　　　5min

2. 利用 CPI1_LP 和 CPI1_RP 引物鉴定是否为纯合突变体（扩增产物 1.1kb）。

PCR 反应体系（共 20μL）如下：

ddH_2O	11.8μL
10×反应缓冲液（含 Mg^{2+}）	2μL
dNTP(10mmol/L)	2μL
CPI1_LP(10μmol/L)	1μL

CPI1_RP(10μmol/L)	1μL
Taq 酶(5U/μL)	0.2μL
所提的总 DNA 样品	2μL
	20μL

PCR 反应程序：

(1) 95℃　　　　　　4min
(2) 95℃　　　　　　30s(变性)
(3) 61℃　　　　　　30s(退火)
(4) 72℃　　　　　　1min(延伸)

重复步骤(2)～(4)，进行 35 个循环

(5) 72℃　　　　　　5min

3. PCR 完成后，每管样品各取 10μL 电泳检测。根据电泳结果判断突变体的基因型。

（五）对实验数据进行分析、整理和作图展示

整理野生型和确定为 $cpi1$-1 纯合突变体的幼苗的测量结果，进行统计分析和作图展示。作图举例见图 13-1。

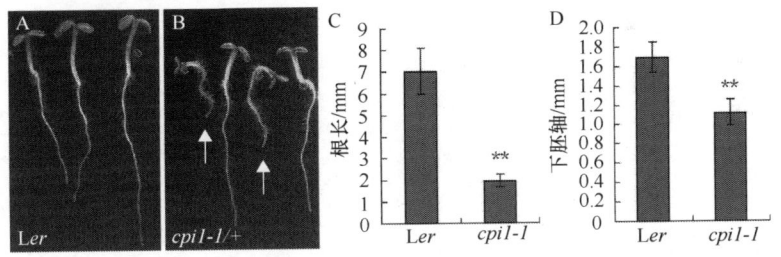

图 13-1　$cpi1$-1 突变体的表型

A. 培养 5 天的野生型拟南芥幼苗；B. 培养 5 天的 $cpi1$-1 杂合突变体幼苗，箭头指示分离出的 $cpi1$-1 纯合突变体幼苗；C. 5 天龄拟南芥幼苗根长的测定结果；D. 5 天龄拟南芥幼苗下胚轴长的测定结果。 ** 表示极显著差异，$P<0.001$。

六、思考题

1. 为什么转座子和 T-DNA 插入基因中能造成基因突变？
2. 为什么种子消毒时间不能太长？
3. 如何根据电泳结果判断突变体的基因型？

参 考 文 献

马学敏,孙爽莉,杨海灵,等. 2013. 植物固醇合成途径关键基因 *CPI1* 的功能进化. 植物学报,48(4):398-410

魏春红,门淑珍,李毅. 2012. 现代分子生物学实验技术. 2版. 北京:高等教育出版社.

Boyes D C, Zayed A M, Ascenzi R, et al. 2001. Growth stage-based phenotypic analysis of *Arabidopsis*: a model for high throughput functional genomics in plants. Plant Cell, 13:1499-1510.

Krysan P, Young J C, Sussman M R. 1999. T-DNA as an insertional mutagen in *Arabidopsis*. Plant Cell, 11:2283-2290.

Men S, Boutté Y, Ikeda Y, et al. 2008. Sterol-dependent endocytosis mediates post-cytokinetic acquisition of PIN2 auxin efflux carrier polarity. Nat Cell Biol, 10:237-244.

Meyerowitz E M. 2001. Prehistory and history of *Arabidopsis* research. Plant Physiol, 125:15-19.

O'Malley R C, Ecker J R. 2010. Linking genotype to phenotype using the *Arabidopsis* unimutant collection. Plant J, 61:928-940.

实验十四　在烟草叶片中瞬时表达研究蛋白质的亚细胞定位

一、实验目的与要求

1. 学习和掌握利用农杆菌注射法（Agrobacteria infiltration）在烟草叶片中瞬时（transient）表达目的基因的方法。
2. 通过与荧光蛋白融合，研究蛋白质的亚细胞定位。

二、实验原理与技术应用

蛋白质的亚细胞定位（subcellular localization）是与其功能密切相关的。例如，对基因表达进行调控的转录因子通常定位于细胞核中；参与细胞物质运输的转运蛋白通常定位于细胞膜。因此，对目的蛋白亚细胞定位的研究有助于揭示其功能。

对蛋白质亚细胞定位的研究方法主要有以下三种：

（1）生化手段：主要利用蔗糖密度梯度离心，收集各种细胞器，通过电泳分离和蛋白质免疫印迹杂交（Western blot）确定目的蛋白定位于哪种细胞器。

（2）蛋白质免疫荧光原位杂交：利用抗原和抗体的特异反应，借助抗体上的荧光标记显示蛋白质的亚细胞定位。

（3）与荧光蛋白融合的方法：通过基因克隆和载体构建，将目的蛋白的编码序列与荧光蛋白——如绿色荧光蛋白（GFP）、红色荧光蛋白（RFP）等的编码序列融合，使两个基因融合成一个开放阅读框（ORF），从而使目的蛋白和荧光蛋白串联表达。将该融合基因转化入植物细胞中，利用荧光显微镜观察荧光蛋白的定位情况，确定目的蛋白的亚细胞定位情况。

本实验将利用第三种方法研究蛋白质的亚细胞定位。将构建好的融合表达载体导入农杆菌中，通过农杆菌注射法，将融合基因导入烟草叶片细胞中，使该融合基因在烟草叶片细胞中表达，利用荧光显微镜观察荧光蛋白的亚细胞定位并拍照。本实验除了可以用于研究蛋白质的亚细胞定位，还可应用于在植物体内验证蛋白质之间的相互作用。

三、主要仪器设备

所需仪器：荧光显微镜、植物光照培养箱、PCR 仪、恒温摇床、离心机、超净工作台和高压灭菌锅等。

实验器材：记号笔、接种环、微量移液器、吸头、注射器、载玻片、盖玻片、剪刀和镊子等。

四、实验材料与试剂

（一）实验材料

1. 植物材料

3～4 周苗龄的本氏烟草（N. benthamiana）

2. 农杆菌菌种

含有 35S：EGFP（定位于胞质和核）、Mt-YFP（定位于线粒体）、PM-RFP（定位于细胞膜）和 Px-RFP（定位于过氧化物酶体）质粒的农杆菌菌种 C58C1。上述质粒的抗性筛选标记为卡那霉素。

（二）实验试剂

1. YEP 液体培养基（1L）：酵母提取物 10g，蛋白胨 10g，NaCl 5g，pH7.0，高压灭菌［固体 YEP 培养基中添加 1.5%（m/V）的琼脂粉］。

2. 抗生素：50mg/mL 利福平（Rif）贮液、50mg/mL 庆大霉素（Gentamycin）贮液、50mg/mL 卡那霉素（kanamycin）贮液。

3. PCR 相关试剂

4. 乙酰丁香酮（acetosyringone，AS）

5. 农杆菌活化液：YEP 液体培养基，含有 50μg/mL 利福平、50μg/mL 卡那霉素、50μg/mL 庆大霉素、10mmol/L MES（pH 5.7）、20μmol/L AS。

6. 农杆菌渗透缓冲液 MMA：10mmol/L $MgCl_2$、10mmol/L MES（pH 5.7）、150μmol/L AS。

五、实验方法与操作步骤

（一）实验材料准备

1. 播种本氏烟草种子，在植物光照培养箱中恒温培养。温度设置为 23℃，光周期为 16h 光照/8h 黑暗。

2. 当烟草培养到第 3 周时，配制 YEP 固体培养基（含 50μg/mL 利福平、50μg/mL 卡那霉素、50μg/mL 庆大霉素），将冻存在 −80℃ 冰箱的上述农杆菌菌种在 YEP 固体平板上画线，在 28℃ 生化培养箱中培养 2～3 天，培养期间要查看菌落生长情况。

3. 在超净工作台中,分别挑取单菌落,利用各个融合基因特异的引物(primer)进行菌落 PCR 鉴定,确保实验材料正确。

(二) 农杆菌培养和活化

1. 在超净工作台中挑取鉴定过的农杆菌菌种,接种于 5mL 液体 YEP 培养基(含 50μg/mL 利福平、50μg/mL 卡那霉素、50μg/mL 庆大霉素)中,在 28℃恒温摇床中振荡培养约 2 天。培养期间要查看菌液的生长情况,当菌液的 OD_{600} 值为 $0.8\sim1.0$ 时,进行下一步操作。

2. 将上述培养好的菌液按 1∶100 稀释(用农杆菌活化液稀释:YEP 液体培养基含有 50μg/mL 利福平、50μg/mL 卡那霉素、20μmol/L AS、10mmol/L pH 5.7 的 MES),28℃摇床培养 $16\sim20$h,直至 OD_{600} 值为 $0.6\sim0.8$。

3. 收集农杆菌菌液,5000r/min 离心 10min,收集菌体。

4. 用农杆菌渗透缓冲液 MMA(10mmol/L $MgCl_2$、10mmol/L pH 5.7 的 MES、150μmol/L AS)重悬菌体,使菌液的 OD_{600} 值约为 1.0。

5. 将上述重悬好的菌液在室温放置至少 3h,然后注射烟草叶片。

(三) 注射烟草叶片

1. 将菌液吸入 10mL 的注射器中,然后去掉注射器的针头,在烟草叶片上扎孔后,将菌液从叶片背面挤压入小孔周围的烟草叶片组织。每个叶片注射 $3\sim5$ 个区域(注意:在叶脉间区域注射,避开大的叶脉。选取幼嫩健壮的叶片注射)。

2. 将注射后的烟草放回光照培养箱中,培养 2 天左右,然后进行荧光观察。

(四) 荧光显微镜观察和拍照

1. 剪取注射孔周围的叶片组织,大小为 $0.5\sim1cm^2$。

2. 在载玻片中央滴一滴水,将剪好的叶片组织放入水中(叶背面朝上),盖好盖玻片。

3. 在荧光显微镜下观察荧光蛋白的亚细胞定位并拍照。

如果想获得质量更好的照片,可以用激光共聚焦显微镜进行图片采集。

图 14-1 展示的是利用荧光显微镜拍摄的照片。

六、思考题

1. 农杆菌活化和重悬时为什么要加乙酰丁香酮?
2. 进行两个蛋白质的共定位研究时,可以采取哪些方式注射烟草叶片?

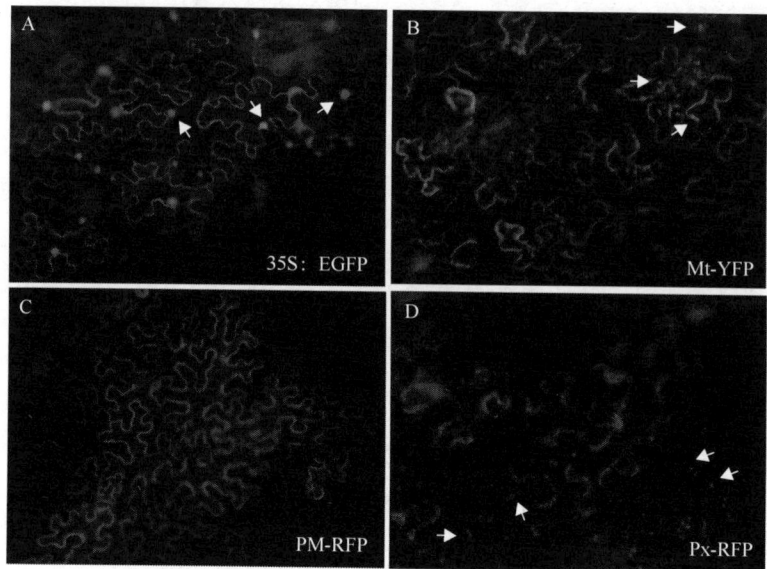

图 14-1 荧光蛋白的亚细胞定位

A. 增强型绿色荧光蛋白(EGFP)信号；B. 黄色荧光蛋白(YFP)信号；C 和 D. 红色荧光蛋白(RFP)信号。图 A 中 GFP 定位于胞质和细胞核（箭头指示细胞核）；图 B 中 YFP 定位于线粒体（图中的点状结构）；图 C 中 RFP 信号定位于细胞膜；图 D 中 RFP 定位于过氧化物酶体（图中的点状结构）

参 考 文 献

Lalonde S, Ehrhardt D W, Loqué D, et al. 2008. Molecular and cellular approaches for the detection of protein-protein interactions: latest techniques and current limitations. Plant J, 53: 610-635.

Mehlmer N, Parvin N, Hurst C H, et al. 2012. A toolset of aequorin expression vectors for *in planta* studies of subcellular calcium concentrations in *Arabidopsis thaliana*. J Exp Bot, 63: 1751-1761.

Men S, Boutté Y, Ikeda Y, et al. 2008. Sterol-dependent endocytosis mediates post-cytokinetic acquisition of PIN2 auxin efflux carrier polarity. Nat Cell Biol, 10: 237-244.

Miernyk J, Thelen J. 2008. Biochemical approaches for discovering protein-protein interactions. Plant J, 53: 597-609.

Nelson B K, Cai X, Nebenführ A. 2007. A multicolored set of *in vivo* organelle markers for co-localization studies in *Arabidopsis* and other plants. Plant J, 51: 1126-1136.

Sauer M, Paciorek T, Benková E, et al. 2006. Immunocytochemical techniques for whole-mount *in situ* protein localization in plants. Nature Protocols, 1: 98-103.

实验十五　病原菌毒力因子的调控及细胞毒性测试

一、实验目的与要求

1. 学习检测常用报告基因 *lacZ* 表达水平的生物化学方法。
2. 学习细胞培养、体外细菌感染和检测统计细胞死亡的方法。
3. 了解病原菌毒力因子的分泌及作用。

二、实验原理与技术应用

病原菌在感染过程中产生并分泌各种毒力因子。毒力因子通过改变宿主细胞信号通路或诱导宿主细胞死亡，引起组织损伤并抵御免疫系统的清除。毒力因子的表达和分泌是两个完全不同但又紧密联系的过程。它们受到严格调控，一般只在感染时才被诱导。本实验将展示如何对毒力因子的表达和分泌这两个过程进行研究。

1. 报告基因是研究基因表达水平的经典方法。常用的报告基因包括 β-半乳糖苷酶基因（*lacZ*）、氯霉素乙酰转移酶基因（*cat*）、荧光酶基因、绿色荧光蛋白基因等。为了研究启动子活性，可将待研究的启动子与报告基因进行转录融合，报告基因带有自身的核糖体结合位点和起始密码子（图 15-1）。这样，报告基因的表达水平由所连接的启动子活性决定。因此，报告基因产物的量可以反映启动子的活性。

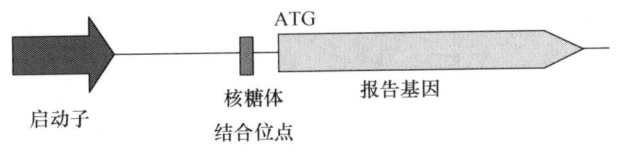

图 15-1　报告基因的转录融合

不同的报告基因检测方法各异，*lacZ* 编码的 β-半乳糖苷酶可以采用生物化学方法进行检测。

2. 细胞毒性实验是检测病原菌毒性因子表达和分泌的常用方法。病原细菌在感染贴壁细胞时，会分泌毒力因子，导致细胞的死亡。细胞在死亡过程中，会发生形态上的变化，从培养皿上脱落下来。在显微镜下，可以观察到细胞的变化（图 15-2）。通过结晶紫染色，可以对贴壁细胞的数量进行量化分析，从而比较不同菌株对细胞的影响。

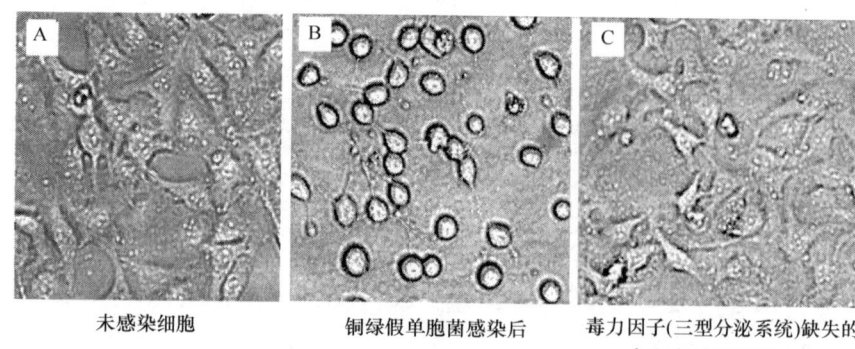

| 未感染细胞 | 铜绿假单胞菌感染后 | 毒力因子(三型分泌系统)缺失的铜绿假单胞菌感染后 |

图 15-2　铜绿假单胞菌感染后细胞形态的变化

三型分泌系统(type Ⅲ secretion system，T3SS)是条件致病菌铜绿假单胞菌引起细胞毒性的重要因子。在铜绿假单胞菌中，T3SS 是由 31 个基因编码的蛋白分泌装置，其结构类似于注射器。通过 T3SS，铜绿假单胞菌将毒性效应蛋白直接注射到宿主细胞内，引起细胞死亡。在感染过程中，T3SS 主要起到破坏宿主组织、杀死免疫细胞的作用。在铜绿假单胞菌中，DNA 结合蛋白 ExsA 直接结合并激活 T3SS 基因的启动子。T3SS 蛋白 PcrV、PopD 和 PopB 起到在宿主细胞膜上形成孔洞的作用，其中任一蛋白的缺失，将导致细菌失去注射毒性效应蛋白的能力。这样，即使细菌能够正常表达 T3SS 基因，也不会对细胞造成杀伤。

本实验采用 *lacZ* 报道基因检测在不同基因敲除菌株中三型分泌系统在诱导和非诱导条件下的表达水平。用不同菌株感染体外培养的细胞，观察致病菌对真核细胞的杀伤作用。同时结合表达水平的研究，探讨基因在三型分泌系统分泌中的作用。

三、主要仪器设备

摇床、细胞培养箱、显微镜、分光光度仪等。

四、主要试剂

(一)结晶紫染色测定铜绿假单胞菌菌株细胞毒性

1. LB 培养基：胰蛋白胨 10.0g，酵母浸粉 5.0g，氯化钠 10.0g，加水 800mL，调 pH 至 7.0±0.1，定容至 1000mL，121℃灭菌 25min。

2. 细胞培养液：高糖培养基(DMEM)＋10% 胎牛血清(FBS)，青霉素 100μg/mL，链霉素 50μg/mL。

3. 0.05% 结晶紫溶液(12 孔细胞培养板每个孔需要 500μL)：贮存液为 95% 乙醇溶液配制的含有 5% 的结晶紫溶液，用水 1∶100 稀释为工作液。

4. PBS：磷酸二氢钾（KH$_2$PO$_4$）0.27g，磷酸氢二钠（Na$_2$HPO$_4$）1.42g，氯化钠（NaCl）8.0g，氯化钾（KCl）0.2g，加水800mL，调pH至7.4，定容至1000mL，灭菌。

5. 台盼蓝（Trypan Blue）：0.4%，PBS配制。

（二）β-半乳糖苷酶活性的测定

1. Z缓冲液：含有0.06mol/L Na$_2$HPO$_4$·7H$_2$O、0.04mol/L NaH$_2$PO$_4$、0.01mol/L KCl、0.001mol/L MgSO$_4$·7H$_2$O、0.05mol/L β-巯基乙醇，调节pH至7.0（不高压灭菌）。

2. 4mg/mL ONPG（邻硝基苯β-D-半乳吡喃糖苷）：称取40mg ONPG，溶解于10mL Z缓冲液中。

3. Tc（四环素）：100mg/mL，70%乙醇配制。

4. EGTA：500mmol/L

5. β-巯基乙醇

6. 氯仿

7. 0.1% SDS

8. 1mol/L Na$_2$CO$_3$

五、实验方法与操作步骤

（一）结晶紫染色测定铜绿假单胞菌菌株细胞毒性

1. 挑取新鲜划线培养的单菌落，接种到3mL新鲜无菌的LB培养基中，37℃、180r/min振荡过夜培养；铺HeLa细胞于12孔板，每孔1.8×10^{5}细胞，使用含有5%热失活的FBS，以及青霉素和链霉素的DEME培养基进行培养。

2. 次日按照1∶100的比例，将过夜培养的菌液转接到3mL新鲜无菌的LB培养基中，37℃、180r/min振荡培养；用PBS将HeLa细胞洗1次，以除去DMEM培养基中的青霉素和链霉素，加入新鲜的含有5%热失活的FBS且不含有抗生素的DMEM培养基，于37℃继续培养。

3. 细菌培养到对数期（需2~2.5h），使其OD$_{600}$为0.8~1.0（OD$_{600}$=1.0，约10^{9}细菌/mL）。使用1.5mL离心管收集细菌，向菌体中加入1mL PBS重悬菌体，16 000g离心1min，弃去上清，收集菌体，悬于PBS。

4. 于显微镜下观察并估计HeLa细胞的密度（保证在70%~80%汇合度为佳），使用细菌感染HeLa细胞，调整感染复数（MOI）为20，将12孔培养皿置于37℃培养箱，感染时间为4h，期间可以于显微镜下观察不同细菌感染的HeLa细胞的形态变化。

5. 真空抽干 12 孔细胞培养板中的 DMEM 细胞培养液。

6. 小心向 12 孔细胞培养板的每一个孔中加入 1mL PBS 溶液,真空吸干 PBS。

7. 向 12 孔细胞培养板的每个孔中加入 500μL 的结晶紫溶液,室温孵育 10min。

8. 使用真空泵吸干结晶紫溶液。

9. 小心向培养板每一个孔中加入 1mL PBS 溶液,真空吸干 PBS,重复 2 次。

10. 真空抽干 PBS,将细胞培养板倒扣在吸水纸上,吸去水滴,室温正置,晾干。

11. 向细胞培养板每一个孔中加入 1mL 95%的乙醇去吸收结晶紫,轻轻地混匀,约 20min。

12. 将乙醇转移到比色皿或盘中读取 OD_{590} 数值。

(二) β-半乳糖苷酶活性的测定

1. 挑选新鲜划线培养的单菌落,接种到 3mL 含有适当抗生素的 L-Broth 培养基中,37℃、180r/min 振荡过夜培养。

2. 次日以 1∶100 的比例将过夜培养的细菌转接到含有 Tc 50μg/mL LB,1∶30 转接到含有 Tc 50μg/mL 及 5mmol/L EGTA 的 LB 中,180r/min 振荡培养 3.5h。

3. 取 500μL 细菌培养液到 1.5mL 离心管中,于室温下 16 000g 离心 1min,弃去上清,收集菌体。

4. 向离心管中加入 1.5mL 含有 β-巯基乙醇的 Z 缓冲液,漩涡振荡,重悬细菌。

5. 取 1mL 细菌悬液用紫外分光光度计测定 OD_{600} 的值。

6. 向剩余的 0.5mL 菌液中加入 10μL 氯仿、10μL 0.1%的 SDS,严格漩涡振荡 10s。

7. 向离心管中加入 0.1mL 4mg/mL 的 ONPG,颠倒混匀,将离心管放入 37℃ 水浴锅开始反应,同时记录起始反应时间。

8. 当反应液变黄,还没有变为深黄色的时候,向离心管中加入 500μL 1mol/L 碳酸钠溶液终止反应,并记录反应终止时间。

9. 将离心管于室温 16 000g 离心 5min,以沉淀细胞碎片。

10. 取上清,使用分光光度计读取 OD_{420} 的数值。

11. 根据 Miller units $= (1000 \times OD_{420})/(T \cdot V \cdot OD_{600})$ 来计算 β-半乳糖苷酶活性。

其中,T 为反应时间,单位为 min;V 为反应中细菌的体积,单位为 mL。

六、思考题

实验中所用菌株包括野生型铜绿假单胞菌和 T3SS 基因缺失的菌株。根据所用菌株中报道基因的表达水平和细胞毒性实验结果,判断各突变菌株中缺陷基因的功能。

参 考 文 献

Brutinel ED, King JM, Marsden AE, et al. 2012. The distal ExsA-binding site in Pseudomonas aeruginosa type Ⅲ secretion system promoters is the primary determinant for promoter-specific properties. J Bacteriol, 194(10):2564-2572.

Bröms JE1, Edqvist PJ, Carlsson KE, et al. 2005. Mapping of a YscY binding domain within the LcrH chaperone that is required for regulation of Yersinia type Ⅲ secretion. J Bacteriol, 187(22):7738-7752.

Coggan KA, Wolfgang MC. 2012. Global regulatory pathways and cross-talk control Pseudomonas aeruginosa environmental lifestyle and virulence phenotype. Curr Issues Mol Biol, 14(2):47-70.

Faudry E, Vernier G, Neumann E, et al. 2006. Synergistic pore formation by type Ⅲ toxin translocators of Pseudomonas aeruginosa. Biochemistry, 4, 45(26):8117-8123.

Hauser AR. 2009. The type Ⅲ secretion system of Pseudomonas aeruginosa: infection by injection. Nat Rev Microbiol, 7(9):654-665.

Romano FB, Tang Y, Rossi KC, et al. 2016. Type 3 Secretion Translocators Spontaneously Assemble a Hexadecameric Transmembrane Complex. J Biol Chem, 18; 291(12):6304-6315.

实验十六　乳酸链球菌产乳链菌素 Nisin 的定量检测

一、实验目的与要求

1. 掌握琼脂扩散法定量检测乳链菌素在菌液中含量的方法。
2. 掌握紫外诱变在菌种选育中的应用。
3. 了解乳链菌素作为生物防腐剂在食品工业中的应用。

二、实验原理与技术应用

乳链菌素 Nisin 是由某些乳酸链球菌分泌的一类高度翻译后修饰的多肽类细菌素，在酸性条件下具有很高的热稳定性，能够抑制绝大多数的革兰氏阳性菌和部分革兰氏阴性菌，并且可被人体消化道中的蛋白酶水解，对人体无毒无害，与传统的化学防腐剂相比具有无可比拟的优势，因此作为生物防腐剂广泛应用于食品工业中。

测定 Nisin 效价的方法主要有琼脂扩散法、浊度检测法、ATP 生物荧光法、酶联免疫吸附法、流式细胞术法等方法。琼脂扩散法因具有简单、方便、经济的特点，是目前较为常用的检测方法。琼脂扩散法是基于 Nisin 抑菌活性的一种检测方法，其原理是 Nisin 对生长在固体培养基中的敏感检测指示菌如金黄色葡萄球菌（*Staphylococus aureus*）或藤黄微球菌（*Micrococcus luteus*）等有抑制作用，在混合了指示菌的培养基上产生透明的抑菌圈，抑菌圈直径和 Nisin 效价存在正比关系。以 Nisin 标准品对数值为纵坐标、抑菌圈直径为横坐标，绘制标准曲线，其斜率大小反映出随 Nisin 浓度的增加抑菌圈直径变化的幅度，即测定的精确度；而标准曲线的 y 轴截距则反映出在最小 Nisin 效价时，各种情况的抑菌圈直径大小，即测定的灵敏度。

目前，琼脂扩散法仍作为国标法用于 Nisin 效价的检测。除此以外，琼脂扩散法广泛用于药物、化学物质、酶类及复合成分的细菌敏感性检测。

Lactococcus lactis N8 是一株可以产 Nisin 的乳酸链球菌，而藤黄微球菌 *M. luteus* A1 NCIMB 8166 是一种菌落颜色为黄色的革兰氏阳性菌。本实验根据 Nisin 抑菌的这一特性，对 *Lactococcus lactis* N8 进行紫外诱变，以藤黄微球菌 *M. luteus* A1 NCIMB 8166 作为指示菌，通过测量乳酸微球菌菌液在藤黄微球菌固体混合平板的孔洞形成的抑菌圈大小，并与不同浓度 Nisin 标准品所制成的标准曲线相对比，定量检测乳酸链球菌菌液中 Nisin 的含量，从中筛选诱变后 Nisin 产量增加的乳酸链球菌菌种。Nisin 及产 Nisin 的乳酸链球菌菌液对藤黄微球菌

抑菌效果如图 16-1 所示。

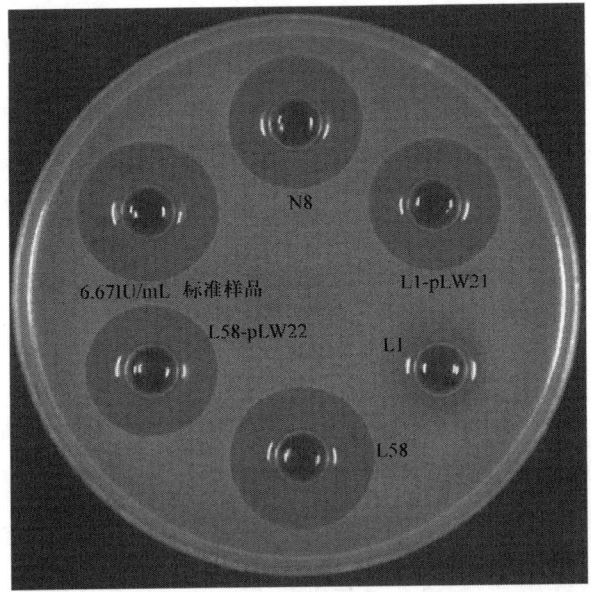

图 16-1　琼脂扩散法检测乳酸链球菌培养液中的 Nisin 含量

三、主要仪器设备

30℃温箱，37℃摇床，灭菌锅，电子天平，分光光度计

四、主要试剂及配制方法

1. M17 broth：青岛海博，HB0391
2. 琼脂粉
3. 蔗糖
4. 葡萄糖
5. 胰蛋白胨
6. 酵母粉
7. 牛肉粉
8. NaCl
9. Na_2HPO_4
10. 酸水：0.02mol/L HCl
11. 2mol/L NaOH
12. 50%灭菌吐温-20
13. 87%灭菌甘油

14. SGM17 培养基:42.3g/L M17broth,5g/L 蔗糖,5g/L 葡萄糖,115℃高压蒸汽灭菌 25min。

15. BLB 培养基:10g/L 胰蛋白胨,1g/L 酵母粉,5g/L 牛肉粉,5g/L NaCl,加蒸馏水充分溶解后,用 2mol/L NaOH 调 pH 至 7.2 左右,定容,115℃高压蒸汽灭菌 25min。

16. S1 分析培养基:8g/L 胰蛋白胨,5g/L 酵母抽提物,5g/L 葡萄糖,5g/L NaCl,2g/L Na_2HPO_4,加蒸馏水充分溶解后,用 2mol/L NaOH 调 pH 至 7.2 左右,定容,分装 20mL/瓶,每瓶添加 16g/L 琼脂粉,121℃高压蒸汽灭菌 20min。

五、实验方法与操作步骤

(一)培养基制备

1. 按上述培养基的配方,配制 100mL BLB 液体培养基,装在一个 200mL 的三角瓶中,115℃高压蒸汽灭菌 25min 备用。

2. 按上述 SGM17 培养基配方,每组配制 200mL SGM17 液体培养基,取出 50mL 放入 100mL 三角瓶中,加入 0.75g 琼脂粉,其余培养基分装成液体试管,每支试管中 5mL,培养基 115℃高压蒸汽灭菌 25min。在未完全冷却时,将加入琼脂粉的 50mL 培养基倒在细菌培养皿上,制成 2 个 SGM17 固体平板备用。

(二)微球菌甘油管的制作

从灭菌后的 BLB 液体培养基中取 3mL 放入比色杯中作为参比,从过夜培养的 5mL 藤黄微球菌培养液中按 1∶100 的比例转接至剩下的 BLB 液体培养基中,37℃、180r/min 振荡培养至 OD_{600} 值约为 0.6(从培养后 4h 开始测 OD,根据情况约每 0.5h 测一次),按 0.8mL 菌液+0.2mL 87%甘油加入到灭菌 Eppendorf 管中,制成甘油保存管,充分混匀,-20℃保存。

(三)乳酸菌接种

取一个 SGM17 平板,在超净台中用风将表面水迹吹干,用灼烧过的镊子取灭菌牙签从 *Lactococcus lactis* N8 突变子平板上取 5 个单菌落,先在 SGM17 固体培养基平板上轻轻划一下,然后将牙签扔进一支试管分装的 5mL SGM17 液体培养基中,平板和液体培养基均在 30℃温箱中静置培养过夜。

注意:

(1) 5 个突变子接种在同一平板上,接种位置彼此分开,不得有交叉,以避免交叉污染,在平板背面做标记以区分 5 个突变子。

(2) 每个突变子单独接种一根 5mL SGM17 液体培养基试管;此外,原始菌 *Lactococcus lactis* N8 也接种一根试管,共 6 根试管。

(四) Nisin 标准品配制

在微球菌培养期间进行,用万分之一电子天平(AB104-N 电子天平)称取 10mg 左右的标准品,按照实际称量重量取相应体积酸水,室温充分溶解 2h,期间间断摇晃,配制成终浓度为 1000IU/mL 标准液,4℃静置备用。

(五) Nisin 标准品的稀释

用酸水依次稀释成 10IU/mL、5IU/mL、2.5IU/mL 和 1.25IU/mL 四种浓度的标准溶液备用。

(六) S1 分析培养基的配制

1. 按上述 S1 固体分析培养基的配方,配制 100mL 培养基,分装 5 瓶,每瓶分别添加琼脂粉,121℃高压蒸汽灭菌 20min。
2. 稍冷却后放入 55℃水浴锅中,间断摇晃使其均温,待瓶底贴在虎口处不烫时,每瓶加入 400μL 50%的吐温-20 溶液(终浓度为 1%),混合均匀。
3. 加入 80μL *M. lutues* NCIB8166 甘油保存菌液,倒入外径 90mm 水平放置的塑料培养皿中,培养皿中事先放入 6 个无菌牛津杯,待培养基冷却凝固后取出牛津杯,平板放入 4℃冰箱中静置 2h。

(七) 样品稀释

1. 将过夜培养的乳酸菌菌液取出,充分混匀,每个样品用 Eppendorf 管取 1mL 菌液,8000r/min 离心 5min,收集上清。
2. 取 100μL 上清加到 900μL 酸水中,充分混匀,即为稀释 10 倍,按此方法继续稀释 10 倍,得到稀释 100 倍的样品。

(八) 点样

1. 取出平板,擦干底面的水汽,用笔在每个孔的位置标上记号。
2. 每个板 6 个孔,分别点上稀释成 4 个浓度的 Nisin 标准品和 2 个稀释 100 倍的样品,2 个样品中包含 1 个原始菌菌液稀释物和 1 个突变菌菌液稀释物,每个孔点样 200μL。
3. 点样后小心移至 30℃温箱,正置培养过夜。

(九) 突变子接种

从前一天接种 5 个突变子的平板上,用灼烧过的镊子取灭菌牙签在突变子菌落处沾一下,然后放入 5mL SGM17 液体培养基试管中,30℃温箱中静置培养过夜。

（十）Nisin 效价测定

1. 将培养好的分析培养基平板取出，用 0.02mm 的游标卡尺测量抑菌圈直径大小。

2. 以标准品抑菌圈直径为横坐标、标准品效价的自然对数为纵坐标，作标准曲线。根据标准曲线，计算乳酸球菌 Lactococcus lactis N8 及其突变菌株的 Nisin 效价。

（十一）目标突变子的保存

计算出每个突变子的效价之后，如发现有突变子 Nisin 效价高于 Lactococcus lactis N8 的，即从前一天接种的相应试管中取 0.8mL 菌液＋0.2mL 87％甘油加入到一个灭菌 Eppendorf 管中，制成甘油保存管，每种目标突变子制作 4 管，充分混匀，－20℃保存。

六、思考题

1. 试分析琼脂扩散法测量 Nisin 效价的原理。
2. 试述琼脂扩散法的操作中可能对结果产生较大影响的步骤及其原因。

参 考 文 献

Aly S, Floury J, Famelart MH, et al. 2011. Nisin quantification by ELISA allows the modeling of its apparent diffusion coefficient in model cheeses. J Agric Food Chem, 59(17): 9484-9490.

Berridge NJ, Barrett J. 1952. A rapid method for the turbidimetric assay of antibiotics. J Gen Microbiol, 6(1-2): 14-20.

Budde BB, Rasch M. 2001. A comparative study on the use of flow cytometry and colony forming unites for assessment of the antibacterial effect of bacteriocins. Int J Food Microbiol, 63(1-2): 65-72.

Pirttijärvi TSM, Wahlström G, Rainey FA, et al. 2001. Inhibition of bacilli in industrial starches by Nisin. J Ind Microbiol Biotechnol, 26(3): 107-114.

Rogers LA, Whitter EO. 1928. Limiting factors in the lactic fermentation. J Bacteriol, 16(4): 211-229.

Valat C, Champiat D, N'Guyen TT, et al. 2003. Use of ATP bioluminescence to determine the bacterial sensitivity threshold to a bacteriocin. Luminescence, 18(5): 254-258.

实验十七　人、小鼠、鸡和两栖类动物外周血细胞形态与结构的比较性研究

一、实验目的与要求

1. 学习与掌握人、小鼠、鸡和两栖类动物外周血涂片与染色技术。
2. 掌握人、小鼠、鸡和两栖类动物外周血细胞的形态与功能,并能在光学显微镜下辨认各种外周成熟的血细胞。

二、实验原理与技术应用

外周血液中的有形成分主要包括红细胞、各种白细胞与血小板。根据有无特殊颗粒可将白细胞分为有粒与无粒细胞。例如,人类的无粒细胞包括淋巴细胞和单核细胞,而有粒细胞包括中性粒细胞、嗜酸性粒细胞和嗜碱性粒细胞。人和小鼠属于哺乳类,鸡属于禽类,而蛙属于两栖类,虽然它们均属于脊椎动物门,但它们各自的外周血液有形成分的组成、形态结构与数量却不尽相同。人体医学和动物医学多通过制备外周血涂片,随后的 Giemsa 染色或 Wright 染色显示血液中上述有形成分的特定结构,计数白细胞内各种成分所占百分比。借用血细胞计数仪或计数板和光学相差显微镜,在对血细胞进行一定稀释或溶红细胞处理后,可分别计数单位体积内红细胞、白细胞和血小板的总数。

红细胞主要参与氧气和二氧化碳的运输,白细胞主要参与机体的免疫防御、免疫监视和免疫自稳,而血小板和血液的凝血功能与机体的止血功能密切相关。上述数据的获取,可以为人体与动物的血液病和某些全身疾病的诊断提供依据。某些细胞也可以作为特定研究的实验材料,如鸡红细胞可用于吞噬细胞吞噬功能和细胞膜融合实验的研究。

有关人、小鼠、鸡和蛙血细胞有形成分的光镜下结构特点,建议同学们参考有关的理论书籍,见本实验参考文献。

三、主要仪器设备

1. 血细胞计数仪或血细胞计数板
2. (相差)光学显微镜

四、实验动物、试剂与耗材

1. 人血志愿献血者

2. 小鼠、鸡和蛙若干只
3. Wright 或 Giemsa 染色系列,脱水剂和封片剂等请见实验三十
4. 染色架、载玻片与盖玻片

五、实验方法与操作步骤

因取血对象不同,可用不同的取血方法。例如,人体手指或耳垂刺血针针刺取血、小鼠摘眼球或心脏穿刺取血、鸡翅根部静脉穿刺放血和蛙心穿刺取血等。

取末梢血用载玻片之一端蘸少许血液,向另一载玻片上呈 45°角均匀推动,即成涂片。自然干燥后,甲醛固定,Giemsa 或 Wright 染色,蒸馏水冲洗,自然干后即可观察,如需长期保存,则用树胶封固。

镜下观察各种有形成分的结构,并计数四种动物的各种白细胞的比例。

六、思考题

1. 比较人、小鼠、鸡和蛙红细胞在光学显微镜下结构的异同。
2. 比较人、小鼠、鸡和蛙白细胞在光学显微镜下结构的异同。
3. 如何计数各类白细胞的比例?
4. 如何计数细胞的总数?

参 考 文 献

高英茂,李和. 2010. 组织学与胚胎学. 2 版. 北京:人民卫生出版社.
杨倩. 2009. 动物组织学与胚胎学. 北京:中国农业大学出版社.
Ovalle W K, Nahirney P C. 2013. Netter's Essential Histology: with Student Consult Access, 2e. Saunders.

实验十八　细胞凋亡检测

一、实验目的与要求

1. 掌握凋亡细胞的基本特征。
2. 掌握细胞凋亡的 DNA 梯状条带检测方法。
3. 掌握台盼蓝染色鉴别死活细胞的方法。
4. 掌握吖啶橙荧光染色显示凋亡细胞的方法。

二、实验原理与技术应用

凋亡(apoptosis)一般是指机体细胞在发育过程中或在某些因素作用下,通过细胞内基因及其产物的调控而发生的一种程序性细胞死亡(programmed cell death),一般表现为单个细胞的死亡,且不伴有炎症反应。细胞凋亡可发生在机体正常发育和病理等过程中,也可以通过人工诱导产生。引起细胞凋亡的因子可分为三类:①物理因子,如射线、较温和的温度刺激(热激、冷激)等;②化学因子,如活性氧基团分子、重金属离子等;③生物因子,包括肿瘤坏死因子、生物毒素、抗肿瘤药物、DNA 和蛋白质合成的抑制剂等。

细胞凋亡时主要的生化特征是其染色质发生浓缩,染色质 DNA 在核小体单位之间的连接处断裂,形成 180～200bp 整数倍的寡核苷酸片段,在凝胶电泳上表现为梯形电泳图谱,细胞处理后,提取细胞的 DNA,进行琼脂糖凝胶电泳和 EB 染色,在凋亡细胞群中可观察到典型的 DNA ladder。VP-16(Etoposide,足叶乙苷、鬼白乙苷、依托泊苷、足叶己苷)是一种半合成的鬼白脂毒衍生物,是 DNA 拓扑异构酶Ⅱ的抑制剂。VP-16 与酶及 DNA 三者之间可形成复合物,进而干扰拓扑异构酶Ⅱ的功能,使得断裂的 DNA 双链不能发生再连接。VP-16 对癌细胞 S 期末期及 G_2 期细胞有较强的杀伤作用,抑制细胞有丝分裂,为细胞周期特异性药物,使细胞停止于有丝分裂期。VP-16 也常用于体外诱导细胞凋亡。目前该药物已广泛应用于肺癌的联合化疗和多种癌症的治疗。

台盼蓝染料分子不能通透穿越活细胞膜进入细胞内,故细胞显示无色。坏死细胞由于细胞膜通透性改变,台盼蓝燃料可以进入细胞内,因而细胞被染成蓝色。凋亡细胞由于细胞膜功能保持完整,故凋亡细胞对台盼蓝拒染而不显色,根据该原理可以区别正常细胞、坏死细胞与凋亡细胞。

由于吖啶橙与多聚体的 DNA 和 RNA 亲和力不同,可以同时显示细胞内的 DNA 和 RNA,使核 DNA 显示黄绿色荧光,细胞质和核仁显示橘红色荧光,因此可以很好地显示凋亡细胞的核和凋亡小体的变化。

三、主要仪器设备

普通光学显微镜、荧光显微镜、倒置显微镜、CO_2培养箱、超净工作台、电泳仪、电泳槽、离心机、凝胶电泳成像系统、培养瓶、酒精灯、加样器、载玻片、盖玻片、吸管、吸水纸等。

四、主要试剂

1. 1640培养液
2. 小牛血清
3. PBS 0.01mol/L(pH 7.4)的配制：NaCl 8g，KCl 0.2 g，Na_2HPO_4 1.56g，KH_2PO_4 0.2g，定容至1000mL，调pH至7.4
4. VP-16
5. 琼脂糖
6. 0.5×TAE电泳缓冲液
7. 溶解缓冲液：20 mmol/L EDTA，100 mmol/L Tris(pH8.0)，0.8% SDS
8. RNA酶A
9. 蛋白酶K：20 mg/mL
10. Marker：100bp ladder
11. 2%台盼蓝
12. 0.1%吖啶橙原液：0.1 g吖啶橙溶于100mL蒸馏水中，4℃避光保存。临用时配制成0.01%的吖啶橙工作液，即取1mL原液加9mL PBS溶液(pH7.0)

五、实验方法与操作步骤

（一）凋亡梯状带的诱导与电泳检测

1. 取1瓶对数生长期的EL4细胞，加40μL VP-16继续培养36h。
2. 用1.5mL离心管取1.5mL细胞悬液。
3. 2000r/min离心5min，弃上清。
4. 用1mL PBS悬浮细胞。
5. 2000r/min离心5min，弃上清。
6. 加入20μL溶解缓冲液，混匀细胞沉淀。
7. 加10μL RNA酶A(500U/mL)轻弹管尖混匀，不要形成漩涡，37℃孵育90min。
8. 加10μL蛋白酶K(20mg/mL)，轻弹管尖混匀，50℃孵育至少90min。

9. 加入 DNA 上样缓冲溶液，用 1%～2% 琼脂糖凝胶进行低电压电泳（2～4V/cm）。

10. EB 染色，凝胶成像仪上进行观察并照相，显示凋亡细胞 DNA 降解片段所形成的梯度。

（二）台盼蓝染色法显示凋亡细胞

1. 取 1 瓶对数生长期的 EL4 细胞，加 40μL VP-16 继续培养 36h。
2. 用 1.5mL 离心管取 1.5mL 细胞悬液。
3. 2000r/min 离心 5min，弃上清。
4. 用 1mL PBS 悬浮细胞。
5. 2000r/min 离心 5min，弃上清。
6. 用 400μL PBS 悬浮细胞。
7. 加入 40μL 2% 台盼蓝染液混匀，染色 2min。
8. 取 20μL 细胞悬液滴在干净载玻片上，加盖玻片后用显微镜观察并照相。经台盼蓝染色后，死细胞被染成蓝色，活细胞、凋亡细胞及凋亡小体不着色。

（三）吖啶橙荧光染色显示凋亡细胞

1. 取 1 瓶对数生长期的 EL4 细胞，加 40μL VP-16 继续培养 36h。
2. 用 1.5mL 离心管取 1.5mL 细胞悬液。
3. 2000r/min 离心 5min，弃上清。
4. 用 1mL PBS 悬浮细胞。
5. 2000r/min 离心 5min，弃上清。
6. 用 400μL PBS 悬浮细胞。
7. 加入 40μL 1% 吖啶橙混匀，染色 5min。
8. 取 20μL 细胞悬液滴在干净载玻片上，加盖玻片后用荧光显微镜观察，经吖啶橙染色后用 WU 激发，活细胞核呈黄绿色荧光，胞质呈红色荧光。凋亡细胞核染色质呈黄绿色浓聚在核膜内侧，可见细胞膜呈泡状膨出及凋亡小体。

六、思考题

1. 比较显示凋亡细胞方法的优缺点。
2. 为什么会形成染色质的梯形带？
3. 吖啶橙显示细胞凋亡的原理是什么？
4. 为什么台盼蓝染色后活细胞和凋亡细胞不着色？

参 考 文 献

崔巍,唐炳华,王硕仁.2007.细胞凋亡检测方法探讨.细胞生物学杂志,29:777-782.
孙建平,谭竹钧,韩雅莉.2012.细胞凋亡检测方法的研究进展.生物技术通报,(1):54-59.
佟俊杰,张广耘,袁晓.2010.细胞凋亡检测方法的研究进展.口腔医学,30(7):437-439.

实验十九　不同药物处理后对肿瘤细胞生长活力的影响

一、实验目的与要求

1. 掌握细胞培养的方法。
2. 学会 MTT 法检测细胞的生长状况,绘制生长曲线。
3. 通过 MTT 法测定不同浓度抗肿瘤药物对肿瘤细胞生长活力的影响。

二、实验原理与技术应用

细胞培养是指从生物体内取出组织或细胞,在体外模拟体内生理环境,在无菌、适当温度和一定营养条件下,使之生存生长和繁殖,并维持其结构和功能的方法。从广义上讲,体外培养概念包括所有结构层次的培养,即器官培养、组织培养和细胞培养,实际上在体外培养时,无论采用什么方法和条件,培养的主要成分仍然是细胞。由于体外培养的细胞其结构和功能接近体内情况,便于使用各种技术和方法进行研究,并能在较长时间内直接观察细胞生长发育分化过程中的形态和功能变化,而且可同时提供大量生物学性状似的细胞作为研究对象,因此,细胞培养已经成为现代生命科学研究中一项非常重要的技术。

生长曲线是细胞数量随培养时间而变化的曲线,可以分为潜伏期(即细胞对传代操作所致损伤的恢复期)和对新生长环境的适应期(细胞修复自身损伤,熟悉新的环境,恢复生长)。不同的培养细胞潜伏期有差异。连续培养的细胞潜伏期短,仅 6~24h;原代细胞培养一般潜伏期长,24~96h 或更长。

指数生长期也称对数生长期。是细胞增殖最活跃、活力最旺盛的阶段,培养的细胞呈指数增长。有丝分裂指数是指处于分裂期的细胞数占细胞总数的百分比,细胞经染色后在显微镜下观察计数(一般计数 1000 个细胞中的分裂细胞数)。指数生长期内细胞分裂活动的程度可以作为判断细胞生长是否旺盛的重要指标,指数生长期是细胞一代活力最好的时期,是进行各种药物处理实验的主要阶段。

停滞期也称平台期。细胞经过指数生长期后达到了较大的密度,培养中的营养成分消耗较大,培养液中的代谢废物积聚渐多,细胞不再分裂增殖,细胞数量维持在某一水平上,生长活动停滞,但细胞仍有代谢活动,要使细胞恢复生长,应立即进行传代。

生长曲线测定是测定细胞绝对生长数的方法,也是判断细胞活力的重要指标,为培养细胞生物学特性的基本参数之一,一般使用 MTT 比色法。它的原理是:活细胞中的线粒体琥珀酸脱氢酶能使外源性 MTT 还原为水不溶性的蓝紫色结晶甲臜(formazan)并沉淀在细胞中,而死细胞无此功能。二甲基亚砜(DMSO)能溶解细胞中的甲臜,用酶联免疫检测仪在570nm处测定其光吸收值(OD),在一定范围内OD值与细胞数量呈线性关系。OD值可以间接地反映活细胞的状态。接种细胞后每天定时取出细胞,进行MTT检测,可以得到细胞生长曲线,因此可以用来检测药物作用下的细胞生长活力变化,进而评价药物对细胞存活和生长的作用。

三、主要仪器设备

CO_2培养箱、超净工作台、正置显微镜、倒置显微镜、酶标仪、细胞培养瓶、无菌吸管、96孔板、酒精灯、加样器、无菌吸头、细胞计数板、盖玻片、15mL无菌离心管、1.5mL无菌离心管等。

四、主要试剂

1. DMEM培养液
2. 小牛血清
3. 0.25%胰蛋白酶
4. PBS 0.01mol/L(pH 7.4)溶液的配制:NaCl 8g,KCl 0.2g,Na_2HPO_4 1.56g,KH_2PO_4 0.2g,定容至1000mL,调至pH7.4
5. MTT:称取250mg噻唑蓝,加50mL PBS(0.01mol/L,pH7.4),搅拌30min,0.22μm滤膜除菌,分装,4℃保存,2周内有效(5mg/mL)
6. DMSO
7. VP16
8. 秋水仙素
9. 甲氨蝶呤

五、实验方法与操作步骤

(一)细胞的传代

1. 取一瓶处于对数生长期的HeLa细胞,在倒置显微镜下观察细胞的生长状态。
2. 将培养瓶放入超净台,用无菌吸管吸弃细胞培养液。
3. 加入1mL 0.25%胰蛋白酶,轻轻转动细胞瓶,使其浸润整个细胞层,置37℃培养箱内消化2~3min。
4. 把培养瓶放在倒置显微镜下进行观察,发现大部分细胞变圆、变亮,应立即终止消化,用无菌吸管吸弃消化液。

5. 取一只新的无菌吸管吸取 3mL 培养液加入培养瓶中,用吸管反复吹打瓶壁上的细胞层,制成单细胞悬液。

6. 吸取 0.5~1mL 细胞悬液于一个新的培养瓶,并向瓶中加 5mL 培养液,盖好瓶盖,轻轻摇匀,置 37℃ 二氧化碳培养箱中培养。

7. 每天观察记录细胞的生长状态。

(二) 细胞的计数和稀释

1. 取 50μL 细胞悬液(细胞传代时剩余的细胞悬液),稀释于 450μL PBS 溶液中制备成悬液。

2. 取 100μL 稀释的细胞悬液于白细胞计数板上,盖上盖玻片。

3. 低倍镜下计数四角的 4 个大方格内的细胞数。

4. 细胞数浓度=(4 个大方格内细胞数/4)×10^4×10(稀释的倍数)=细胞数/mL。

5. 用 15mL 无菌离心管稀释 12mL 细胞,浓度为 $2×10^4$/mL。

(三) 细胞的药物处理

1. 取 4 块 96 孔板,A1~A3 每孔加入 200μL 培养基。

2. B1~B3、C1~C3、D1~D3、E1~E3,每孔加入 200μL 稀释的细胞悬液。

3. 将 96 孔板置于二氧化碳培养箱中培养过夜。

4. 第二天取出 96 孔板,其中 3 板进行药物处理。

5. B1~B3 为对照组不加药。

6. C1~C3 每孔加入 2μL VP-16。

7. D1~D3 每孔加入 2μL 甲氨蝶呤。

8. E1~E3 每孔加入 2μL 秋水仙素。

9. 将加入药物处理的 3 板放回二氧化碳培养箱继续培养。

10. 未进行药物处理的那板细胞进行 MTT 测定。

(四) MTT 测定

1. 小心倒掉培养上清液。

2. 每孔加入 100μL MTT 和无血清培养基的混合液[1mL MTT(5mg/mL)加到 9mL 的无血清培养基中],放回 37℃ 培养箱继续培养 4h。

3. 弃去上清液,每孔加入 100μL DMSO,在摇床上避光振荡 10min。

4. 用酶标仪在 570nm 波长下测定各孔吸光值。

5. 药物处理的 3 板细胞,每隔 24h 取 1 板进行 MTT 测定。

（五）实验结果统计

在酶标仪上(570nm)测定各孔数值,记录结果,以时间为横坐标、吸光值为纵坐标绘制细胞生长曲线,并找出实验过程中所遇到的问题,写出如何提高成功率及本实验的应用意义的实验报告。

六、思考题

1. 试述传代培养的步骤和注意事项,并指出哪些是关键步骤？
2. MTT 检测细胞活性的原理是什么？
3. 如何做到准确接种细胞数目？
4. 检测细胞生长曲线有哪些应用价值？

参 考 文 献

罗奇志,林琳,王芙艳,等.2014.MTT 方法的优化. 激光生物学报,23(3):279-282.

吴窈画,谈书华,范超超,等.2011.MTT 法检测细菌细胞数的主要影响因素分析. 微生物学杂志,31(3):67-72.

谢诚,钱美英,缪丽燕.2007.MTT 法测定肿瘤细胞药物敏感性与临床用药. 药学与临床研究,15(5):393-395.

实验二十 电击诱导动物细胞融合技术

一、实验目的与要求

1. 了解动物细胞融合的常用技术。
2. 掌握电击诱导细胞融合的实验方法。

二、实验原理与技术应用

细胞融合是指利用一定的手段将两个细胞融合为一个杂种细胞的实验技术，是在细胞工程领域研究中常用的重要实验方法。细胞融合技术在动、植物细胞中都有广泛的应用，例如，生产单克隆抗体需要的细胞就是利用动物细胞融合技术得到的，植物细胞融合技术则在农作物育种方面有着非常广泛的应用。目前，诱导细胞融合常用的方法主要有三类，即生物诱导法、化学诱导法和物理诱导法。

(1) 生物诱导法。生物诱导法是利用病毒作为媒介诱导细胞聚集，再通过病毒被膜中的融合蛋白诱导细胞膜发生融合的方法。常被用于诱导细胞融合的病毒有仙台病毒、牛痘病毒和疱疹病毒等。

(2) 化学诱导法。在化学诱导法中最常用的诱导剂是聚乙二醇(PEG)。PEG可以改变细胞膜的结构，使相邻细胞细胞膜中的磷脂双分子层重新排列，诱导细胞融合。PEG 的分子质量、浓度和融合时的温度是影响细胞融合率的重要因素。

(3) 物理诱导法。通过电击诱导细胞融合是最常用的物理诱导法。电击诱导时先使细胞沿电力线紧密排列在一起，再通过高强度、短时间的电击刺激破坏细胞膜，使细胞膜中的磷脂分子发生重排，相邻的两个细胞发生融合。电击诱导法有着过程可控、融合率高、无毒无害等诸多优点，已经逐渐成为诱导细胞融合的最主要方法。

Dio 在荧光显微镜下可发出绿色荧光，DiI 则可以发出红色荧光。Dio 和 DiI 都是亲脂性膜染料，可以对细胞的细胞膜进行荧光标记，是观察细胞膜融合过程的良好工具。

三、主要仪器设备

电融合仪、二氧化碳培养箱、荧光显微镜、倒置荧光显微镜

四、主要试剂

1. 细胞培养相关试剂：DMEM 细胞培养基、1640 细胞培养基、胎牛血清、青链

霉素。

2. 电转缓冲液:0.3mol/L 甘露醇、0.1mmol/L $MgCl_2$、0.05mmol/L $CaCl_2$。

3. 细胞膜标记染料:Dio、DiI。

五、实验方法与操作步骤

(一)细胞标记

1. 选择生长状态良好的贴壁生长细胞,用无菌吸管弃去培养基,加入 1mL 0.25%胰蛋白酶进行消化(如使用悬浮培养的细胞可省略此步骤)。

2. 使用低速离心机 1000r/min 离心 10min,弃去上清液。

3. 加入适量 DMEM 细胞培养基(或 1640 细胞培养基)充分吹打重悬细胞。

4. 1000r/min 离心 10min,弃去上清液。

5. 重复步骤 3、4 一次。将收获的细胞分为两份,每一份细胞加入 1mL DMEM 细胞培养基(或 1640 细胞培养基),两份细胞分别加入 $5\mu L$ DiI 或 Dio (5mmol/L DMSO 配制)。

6. 放入二氧化碳培养箱中培养 0.5~1h。

7. 在倒置荧光显微镜下观察细胞染色效果(图 20-1 和图 20-2)。

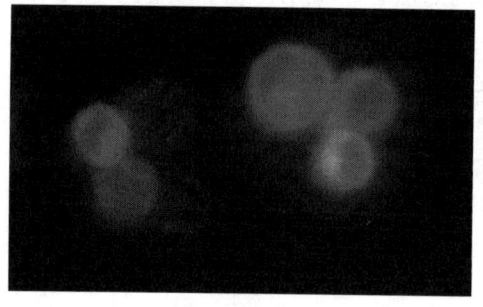 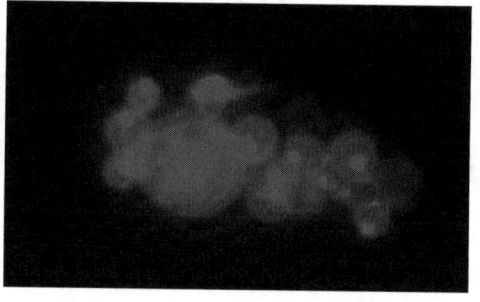

图 20-1 Dio 标记的 HeLa 细胞(40×)　　图 20-2 DiI 标记的 Jurkat 细胞(40×)

(二)细胞融合

1. 将标记好的细胞以 1000r/min 的转速离心 10min,弃去上清液。

2. 加入适量电转缓冲液重悬细胞。

3. 1000r/min 离心 10min,弃去上清液。

4. 加入适量电转缓冲液重悬细胞。

5. 通过细胞计数,使用电转缓冲液调整细胞密度为 1×10^5 个/mL。

6. 分别吸取 $50\mu L$ 经过 Dio 和 DiI 的细胞悬液,充分混合后加入电融合杯中。

7. 使用电融合仪选择合适的脉冲类型和电压(如 Jurkat 细胞和 HeLa 细胞融

合采用指数衰减波,电压为70V/mm)进行细胞融合。

8. 将融合完成的细胞悬液从电融合杯中吸出,放入3.5cm培养皿中,加入1mL 1640细胞培养基(培养基类型根据细胞株系类型选择)。

9. 放入二氧化碳培养箱中培养0.5～1h。

(三) 观察

1. 取出培养皿,1000r/min离心10min,收集细胞。
2. 加入100μL的1640细胞培养基重悬细胞。
3. 加入5μL DAPI对细胞核进行染色。
4. 取10μL细胞悬液,滴在洁净的载玻片上,盖上盖玻片。
5. 置荧光显微镜下进行观察(参考图20-3)。

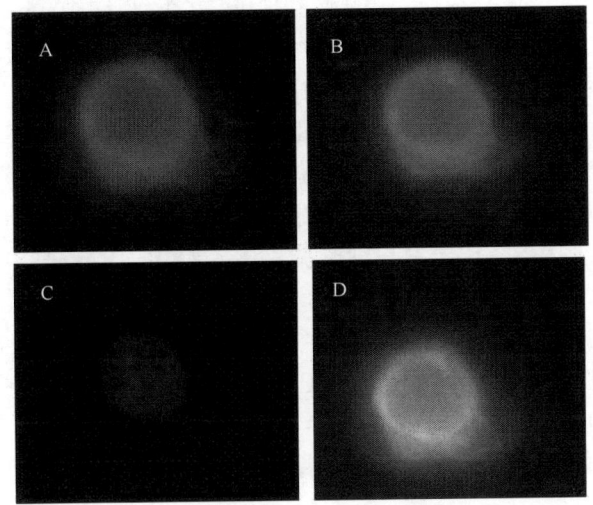

图20-3 HeLa细胞和Jurkat细胞融合结果(100×)
A. DiI标记细胞膜;B. Dio标记细胞膜;C. DAPI标记细胞核;D. 叠加效果

六、思考题

1. 如何提高电击诱导细胞融合的效率?
2. 试写出电击诱导细胞融合的优点和不足。

参考文献

丁明孝,苏都莫日根,王喜忠,等. 2009. 细胞生物学实验指南. 北京:高等教育出版社.
王崇英,高清祥. 2011. 细胞生物学实验. 3版. 北京:高等教育出版社.
王金发,何炎明,刘兵. 2011. 细胞生物学实验教程. 2版. 北京:科学出版社.

实验二十一　间接免疫荧光技术观察细胞中的内质网

一、实验目的与要求

1. 了解细胞内内质网的分布特点。
2. 掌握间接免疫荧光技术的原理和实验方法。

二、实验原理与技术应用

内质网(endoplasmic reticulum,ER)是一种由连续的生物膜形成的片层或管状细胞器，承担着蛋白质合成、运输的重要功能，并为细胞内的各类酶反应提供了广阔的反应面积。内质网还会同细胞膜和核膜相连，将细胞核、细胞质和细胞膜联系在一起，成为一个整体的膜系统。表面附有核糖体的内质网称为粗面内质网，表面没有核糖体的内质网则被称为光面内质网。粗面内质网的主要功能是合成膜蛋白和分泌蛋白。光面内质网则主要作为糖类和脂类合成、转运的场所。

钙网蛋白是一种在内质网膜上广泛分布的钙结合蛋白，其功能包括协助蛋白质正确折叠、维持胞内钙稳定、参与细胞凋亡等，是在内质网研究中常用的一种标记蛋白。

间接免疫荧光技术是常用的一种蛋白示踪技术。该技术利用抗原抗体特异性结合的特点先将目标蛋白的特异性抗体(一抗)加入细胞中，再加入荧光标记的一抗抗体(二抗)，然后利用荧光显微镜观察细胞中荧光的位置，以达到对目标蛋白进行跟踪定位的目的。间接免疫荧光技术具有特异性强、灵敏度高、安全无毒等优点。

三、主要仪器设备

二氧化碳培养箱、荧光显微镜、干式恒温器

四、主要试剂

1. 细胞培养相关试剂：DMEM 细胞培养基、胎牛血清、青链霉素。
2. 抗体：小鼠抗人钙网蛋白的单克隆抗体、FITC 标记的山羊抗小鼠的荧光二抗。
3. 其他：PBS 缓冲液、2% BSA（PBS 缓冲液配制）、4% 多聚甲醛、TritonX-100、防荧光淬灭封片剂(含 DAPI)。

五、实验方法与操作步骤

（一）细胞爬片制作

1. 将盖玻片清洗干净，泡入装有乙醇的磨砂口表面皿中。
2. 在超净工作台内，夹出盖玻片，在酒精灯火焰上将乙醇烤干，放入新的细胞培养皿中。
3. 加入适量细胞悬液，放入二氧化碳培养箱培养一天。

（二）细胞固定、打孔

1. 吸去培养皿中的DMEM培养基（含10％胎牛血清、1％双抗）。加入37℃预温的PBS洗涤3次，每次5min。
2. 吸去PBS，加入4％多聚甲醛溶液对细胞进行固定。
3. 15min后吸去多聚甲醛，加入用37℃预温的0.1％ TritonX-100处理5min。
4. 吸去TritonX-100，使用PBS洗涤3次，每次5min。

（三）封闭

吸去PBS，滴加20μL 2％BSA封闭液，盖上培养皿盖，室温下封闭15min。

（四）抗体孵育

1. 吸去封闭液，滴加20μL 1∶200稀释的小鼠抗人钙网蛋白的单克隆抗体，盖上一块比细胞爬片略小的封口膜和培养皿盖，37℃孵育20min。
2. 用PBS洗涤3次，每次5min。
3. 滴加20μL 1∶500稀释的FITC标记的山羊抗小鼠荧光二抗，盖上封口膜和培养皿盖，37℃避光孵育20min。

（五）制片观察

1. PBS洗涤3次，每次5min。孵育结束后用蒸馏水洗涤片刻，将盖片风干。
2. 在干净载玻片上滴加3μL含有DAPI的防荧光淬灭剂，将长有细胞的盖玻片从培养皿中取出，反扣于淬灭剂上。
3. 使用荧光显微镜观察，并用冷CCD拍照（图21-1）。

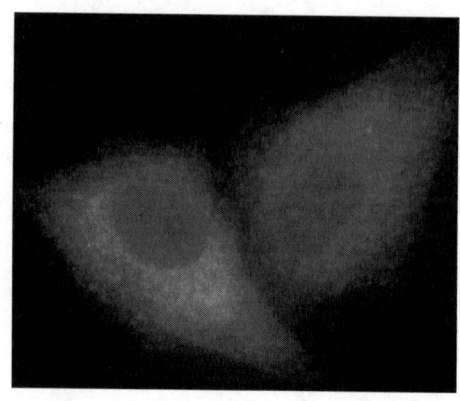

图 21-1　HeLa 细胞中内质网的分布

六、思考题

1. 实验中加入 BSA 进行封闭的目的是什么？
2. 如果荧光强度偏弱，可采用哪些方法来提高荧光的强度？

参 考 文 献

丁明孝,苏都莫日根,王喜忠,等.2009.细胞生物学实验指南.北京:高等教育出版社.
徐菲菲,刘秀华.2006.钙网蛋白的生理及病理生理学作用.生理科学进展,37(3):216-220.
翟中和,王喜忠,丁明孝,等.2011.细胞生物学.4版.北京:高等教育出版社.

实验二十二　利用免疫荧光标记技术研究细胞有丝分裂

一、实验目的与要求

1. 学习、掌握免疫标记的原理和应用。
2. 学习植物、动物细胞固定、染色方法。
3. 了解细胞有丝分裂过程中微管、染色体的动态变化。
4. 比较动植物细胞之间有丝分裂的异同。

二、实验原理与技术应用

　　细胞分裂是细胞生命活动的重要特征之一，是生物繁育的基础。细胞分裂（cell division）可分为无丝分裂（amitosis）、有丝分裂（mitosis）和减数分裂（meiosis）三种类型。

　　无丝分裂是由 R. Remark(1841)首次发现于鸡胚血细胞，表现为细胞核伸长，从中部缢缩，然后细胞质分裂，其间不涉及纺锤体形成及染色体变化。无丝分裂不仅发现于原核生物，同时也发现于高等动植物，如植物的胚乳细胞、动物的胎膜、间充组织及肌肉细胞等。

　　有丝分裂是由 W. Fleming(1882)首次发现于动物细胞、E. Strasburger(1880)发现于植物细胞，其特点是有纺锤体和凝集染色体出现，染色体在纺锤体配合作用下被平均分配到子细胞，这种分裂方式普遍见于高等动植物。

　　减数分裂是指染色体复制一次而细胞连续分裂两次的分裂方式，是高等动植物配子体形成的分裂方式。

　　有丝分裂过程是一个连续的过程，为了便于描述人为地划分为 6 个时期：间期（interphase）、前期（prophase）、前中期（premetaphase）、中期（metaphase）、后期（anaphase）和末期（telophase）。其中，间期包括 G_1 期、S 期和 G_2 期，主要进行 DNA 复制等准备工作。

　　前期会发生：①染色质通过螺旋化和折叠，变短变粗，凝集成染色体；②完成复制的两对中心粒到达两极，确立分裂极，并在两者之间形成纺锤体；③核仁解体；④核膜消失。植物没有中心粒，其纺锤体叫无星纺锤体，分裂极的确定机理尚不明确。

　　前中期则由核膜解体到染色体排列到赤道面（equatorial plane）。纺锤体微管向细胞内部侵入，与染色体的着丝点结合。

　　中期是从染色体排列到赤道面上，再到姐妹染色单体开始分向两极的一段时间,纵向观动物染色体呈辐射状排列。

后期是指姐妹染色单体分开并移向两极的时期,当子染色体到达两极后,标志这一时期结束。

末期是从子染色体到达两极,至形成两个新细胞为止的时期。末期涉及子核的形成和胞质分裂两个方面。

动物细胞的胞质分裂是以形成收缩环的方式完成的,收缩环在后期形成,由大量平行排列的肌动蛋白和结合在上面的肌球蛋白Ⅱ等成分组成,胞质收缩环工作原理和肌肉收缩是一样的。动物胞质分裂的另一特点是形成中体,末期纺锤体开始瓦解消失,但在纺锤体的中部微管数量增加,其中掺杂有高电子密度物质和囊状物,这一结构称为中体,其在胞质分裂中的作用尚不清楚。

植物胞质分裂的机制不同于动物,后期或末期两极处微管消失,中间微管保留,并且数量增加,形成桶状的成膜体。来自于高尔基体的囊泡沿微管转运到成膜体中间,融合形成细胞板。囊泡内的物质沉积为初生壁和中胶层,囊泡膜形成新的质膜,由于两侧质膜来源于共同的囊泡,因而膜间有许多连通的管道,形成胞间连丝。源源不断运送来的囊泡向细胞板融合,使细胞板扩展,形成完整的细胞壁,将子细胞一分为二。

免疫荧光标记技术是细胞生物学研究中常用的实验技术,用以标记特定蛋白质的定位等。免疫荧光标记技术是将抗原抗体反应的特异性和敏感性与显微示踪的精确性相结合。以荧光素作为标记物,与已知的抗体(或抗原)结合但不影响其免疫学特性。然后将荧光素标记的抗体作为标准试剂,用于检测和鉴定未知的抗原。在荧光显微镜下,可以直接观察呈现特异荧光的抗原抗体复合物及其存在部位。

实验室常用的免疫荧光标记技术是间接法,即用荧光素标记抗球蛋白抗体(简称标记抗抗体)的方法。检测过程分为两步:第一,将待测抗体(一抗)加在含有已知抗原的标本片上作用一定时间,洗去未结合的抗体;第二,滴加标记抗抗体(二抗)。如果第一步中的抗原抗体已发生结合,此时加入的标记抗抗体就和已固定在抗原上的抗体(一抗)分子结合,形成抗原-抗体-标记抗抗体复合物,并显示特异荧光。此法的优点是敏感性高,而且只需制备一种荧光素标记的抗球蛋白抗体,就可用于检测同种动物的多种抗原抗体系统。间接法有时易产生非特异性荧光,为其缺点。此法常用于各种自身抗体的检测。如果第一抗体为已知,间接法也可用于鉴定未知抗原。

细胞的有丝分裂过程是关系到细胞增殖的核心过程,而细胞增殖是生物繁育的基础。在细胞分裂、细胞周期的各个时期有多种调控蛋白进行监控,保障这个重要过程的有序进行。在细胞分裂、细胞周期进展过程中进行有效的清晰标志,对于深刻研究细胞分裂过程中的重要事件及重要调控因子都是有意义的。

三、主要仪器设备

细胞培养箱、生物安全柜、水浴锅、荧光倒置显微镜等。

四、主要试剂

1. 0.01mol/L PBS(pH 7.4)：称取 $Na_2HPO_4 \cdot 12H_2O$ 2.9g，KH_2PO_4 0.24g，NaCl 8.0g，KCl 0.2g，以 6mol/L HCl 调 pH 至 7.4，用蒸馏水定容至 1000mL。

2. 1‰秋水仙素

3. Carnoy's 固定液：无水乙醇 3 份：冰醋酸 1 份

4. 4%多聚甲醛溶液：将 20mL 的 PBS，称取 0.8g 多聚甲醛(Sigma)加入 PBS 搅拌(必须当日新鲜配制，如溶解缓慢，可适当加热加速溶解)。

5. 0.5%TritonX-100/PBS：200mL PBS 中直接用吸管滴加 1mL TritonX-100，充分搅拌，室温保存。0.05%TritonX-100/PBS 由此稀释而得。

6. 1%牛血清白蛋白(BSA)/PBS：0.1g BSA 溶解于 10mL PBS 中，充分混匀。

7. 一抗工作液：用 1%BSA/PBS 以 1:100 倍稀释抗体或参考抗体说明书。

8. 二抗工作液：用 1%BSA/PBS 以 1:500 倍稀释抗体或参考抗体说明书。

9. DAPI 染色液：贮存液浓度 1000μg/mL，1mg DAPI 溶于 1mL 双蒸水中，充分混匀，分装后避光−20℃保存。工作液浓度 10μg/mL，由贮存液经 PBS 稀释而得，4℃避光保存。

10. 0.5mol/L Na_2CO_3/$NaHCO_3$ 缓冲液(pH9.0)：$NaHCO_3$ 0.42g 溶于 10mL 双蒸水中，NaOH 调 pH 至 9.0，室温保存。

11. 封片介质：5mL 10×PBS pH7.4 用 0.5mol/L Na_2CO_3/$NaHCO_3$ 缓冲液 pH 9.0 调 pH 至 8.0，加入 45mL 甘油(终浓度 90%)，再加入 500μL DAPI 贮存液(1000μg/mL)充分混匀。4℃避光保存。

五、实验方法与操作步骤

(一)植物细胞有丝分裂的观察

1. 材料准备：将洋葱放在加满水的广口瓶上，使其根茎部接触水面，然后转移到 25～28℃的条件下培养。待根尖长到 2cm 左右时，剪取根尖备用。

2. 预处理：0.05%～0.2%秋水仙素溶液于室温下处理 2～4h。

3. 固定：预处理后的根尖用蒸馏水冲洗 2～3 次，然后移入 Carnoy's 固定液中，室温下固定 2～24h 后，用 70%乙醇冲洗 2 次转入 70%乙醇中(4℃冰箱中可保存 2 个月)。

4. 解离：可以使分生区组织细胞间的果胶质分解，细胞壁软化或部分分解，使细胞和染色体容易压平。可使用 1mol/L HCl 在 60℃水浴中处理 7～8min。

5. 压片:取处理好的根尖置于载玻片上,用吸水纸吸去多余的液体,用刀片将根尖的分生组织切下并切碎,加盖玻片,用铅笔的橡皮头或小镊子的柄端轻敲盖玻片,使材料均匀分散,然后压片(压片时用力要适当,不要移动盖玻片)。

6. 液氮冷冻处理 3min,取盖玻片,以 PBS 缓冲液冲洗平衡。

7. 加入微管抗体(一抗)温育(37℃温育 2h 或 4℃过夜)。

8. PBS 清洗玻片 3 次,每次 5min。

9. 加入标记 FITC(或 TRITC)荧光素的对应抗体(二抗)37℃温育 1h。

10. PBS 清洗玻片 3 次,每次 5min。

11. 取出盖玻片,吸去多余的 PBS,直接用含 DAPI 封片介质封片,然后用指甲油将盖玻片固定。

12. 镜检:低倍镜下找到分生区细胞,其特点为等直径细胞。细胞质浓厚,细胞核较大,占细胞体积的 3/4。可以观察到有丝分裂过程中不同分裂时期的染色体。选取不同分裂时期的典型细胞,换高倍荧光镜观察,注意细胞核染色体及纺锤体的变化动态。

(二)动物细胞有丝分裂的观察

1. 准备培养细胞的盖玻片(为后期显微镜观察,使用盖玻片培养细胞),使用新的盖玻片培养细胞,用洗液浸泡过夜,清水冲洗干净,无水乙醇浸泡 30min,晾干,高压灭菌,烘干后备用。

2. 使用盖玻片培养前,用培养基空培过夜。

3. 将贴壁生长的细胞(MCF-7 细胞,人乳腺癌细胞)按常规传代方法制备成细胞悬液,缓慢滴加到盖玻片上,控制细胞数,培养一天后使细胞密度达到 70%左右。

4. 取出盖玻片,轻轻地用 PBS 浸洗 2 次,每次 5min(勿振荡)。

5. 固定:将盖玻片浸没在新鲜配制的 4%多聚甲醛溶液中,室温孵育 10min。

6. PBS 浸洗 2 次,每次 5min。

7. 透化:将盖玻片浸没在 0.05%的 TritonX-100/PBS 中透化处理 5min,使细胞有更好的结合抗体的能力。

8. PBS 清洗 2 次,每次 5min。

9. 封闭:用 1%的牛血清白蛋白(BSA)/PBS 封闭,室温在湿盒中孵育 30～45min。

10. PBS 清洗 2 次,每次 5min。

11. 将用封闭液配制好的微管抗体(一抗)溶液孵育盖玻片,在湿盒中,室温孵育 2h 或 4℃过夜。

12. PBS 清洗 3 次,每次 5min。

13. 将用封闭液配置的标记 FITC(或 TRITC)荧光素的对应抗体(二抗)37℃孵育盖玻片 45min。

14. PBS 缓慢振荡清洗 3 次,每次 5min。

15. 取出盖玻片,吸去多余的 PBS,直接用含 DAPI 封片介质封片,然后用指甲油将盖玻片固定。

16. 及时镜检或置－20℃冷冻保存。

六、思考题

1. 结合细胞组成特点,比较动、植物细胞有丝分裂过程的异同。
2. 讨论免疫标记技术在生命科学领域的应用。
3. 设计实验,研究细胞减数分裂过程。

参 考 文 献

翟中和,王喜忠,丁明孝. 2007. 细胞生物学. 3 版. 北京:高等教育出版社.

Albertson R, Riggs B, Sullivan W. 2005. Membrane traffic: a driving force in cytokinesis. Trends in Cell Biology, 15 (2): 92-101.

Glotzer M. 2005. The molecular requirements for cytokinesis. Science, 307 (5716): 1735-1739.

Heywood P. 1978. Ultrastructure of mitosis in the chloromonadophycean alga *Vacuolaria virescens*. Journal of Cell Science, 31: 37-51.

Lloyd C, Chan J. 2006. Not so divided: the common basis of plant and animal cell division. Nature reviews. Molecular Cell Biology, 7(2): 147-152.

Miller K R. 2000. Anaphase. Biology. 5 ed. Pearson Prentice Hall: 169-170.

Sharp L W. 1921. Introduction To Cytology. New York: McGraw Hill Book Company Inc.: 143.

Winey M, Mamay C, O'Toole E, et al. 1995. Three-dimensional ultrastructural analysis of the *Saccharomyces cerevisiae* mitotic spindle. Journal of Cell Biology, 129(6): 1601-1615.

实验二十三　理化诱变处理对哺乳动物细胞微管骨架的影响

一、实验目的与要求

1. 掌握采用间接免疫荧光法观察细胞内微管的原理及方法。
2. 观察培养细胞在不同理化条件处理下微管骨架的结构特征。

二、实验原理与技术应用

微管是存在于真核细胞中的由微管蛋白组装成的长管状细胞组分，由Slautlerback和Porter于1963年首次在动物和植物细胞中发现并命名。由于微管在保持细胞特定形态、参与细胞运动方面起着重要的作用，因此被看成是细胞的骨骼系统。正常情况下细胞内微管呈网状或束状分布，是一种动态结构，能很快地组装、去组装，以维持细胞的形态、细胞器的运动和分布，为细胞运输提供轨道并对运输方向起指导作用，同时还参与细胞有丝分裂、减数分裂和膜泡运输、信号转导等众多过程。而在药物或辐射等理化处理条件下细胞内微管的存在状态会发生改变，进而影响其功能的发挥。

免疫荧光显微技术是利用抗原-抗体特异反应的原理，通过荧光素（常用的有异硫氰酸荧光素，FITC）与抗体连接成荧光抗体，再与待测标本的抗原反应，置荧光显微镜下观察，抗原-抗体复合物散发出荧光，借此对标本中的抗原作鉴定和定位分析。其主要包括直接荧光法、间接荧光法和补体法。其中，由于间接免疫荧光技术灵敏度高、广谱性强，是最常用的免疫荧光显微技术之一。

本实验利用微管蛋白制备的抗微管蛋白单克隆抗体，采用间接免疫荧光标记技术观察培养细胞在不同理化条件处理下微管形态变化特征，了解微管变化与细胞命运的关系。

三、主要仪器设备

倒置显微镜、荧光显微镜、二氧化碳培养箱、超净台、移液器、细胞培养板等。

四、主要试剂

1. 细胞系：人子宫颈癌细胞HeLa细胞系。
2. 10×PBS（贮存液，工作液为1×PBS）、2%BSA、溴化乙锭（EB）、秋水仙素（colchicine）、VP-16、3mol/L HCl、10% NaOH、1640细胞培养液、胰蛋白酶、抗tubulin第一抗体（抗体稀释倍数参照说明书）、标记FITC荧光素的抗体（二抗

(抗体稀释倍数参照说明书)、10μg/mL DAPI 溶液(贮存液)。

五、实验方法与操作步骤

1. HeLa 细胞传代培养：将 HeLa 细胞传代培养于提前铺有盖片的细胞培养皿中，让细胞贴壁生长 12h 或 24h(视细胞密度而定，一般细胞融汇度达到 60％左右即可)，随后分组分别进行不同的理化条件处理。物理条件为：70℃持续培养 6h(高温)，4℃冰箱中处理 12h(低温)，紫外线照射；化学处理：分别采用溴化乙锭(EB)、秋水仙素(Colchicine)、VP-16、3mol/L HCl、10％ NaOH 等对培养细胞进行处理。化学处理过程中试剂的剂量、浓度及时间可自行设定，建议对于每一种处理分别设计不同的处理时间、剂量，进而观察在这个过程中微管骨架及细胞形态的变化特征。同时在操作过程中要设计相应的对照组。

2. 将对照及处理过的细胞爬片置于小培养皿中，采用 1×PBS(500μL)洗涤 3 次，每次 2min。

3. 吸去 PBS，将细胞爬片在 1mL 冷甲醇(-20℃保存)中室温固定 5min。

4. 吸弃甲醇，PBS 洗涤 3 次，每次 2min。

5. 吸弃多余 PBS，在爬片上加上 100μL 2％BSA 封闭液，室温封闭 15min。

6. 吸弃封闭液，滴加 30μL 抗 tubulin 第一抗体，盖上一块面积小于盖片的封口膜，37℃杂交孵育 30min。

7. PBS 洗涤 3 次，每次 2min。

8. 吸弃洗涤液，滴加 30μL FITC 标记的二抗，盖上封口膜，37℃杂交孵育 30min。

9. 揭去封口膜，将爬有细胞的盖片在 1×PBS 中洗涤 3 次，每次 2min，室温干燥。随后取一张干净的载玻片，在其上滴加 5μL 含有防荧光淬灭剂的 DAPI 染料，并将盖片有细胞一面扣到 DAPI 染料上。

10. 荧光显微镜观察、拍照并记录观察结果。

六、思考题

1. 根据实验结果分析药物处理或物理条件处理后细胞内微管在形态学上的变化特征，并比较各种处理对微管影响的差异。

2. 分析间接免疫荧光标记技术的优势及缺陷。

参 考 文 献

翟中和,王喜忠,丁明孝. 2011. 细胞生物学. 4 版. 北京:高等教育出版社.

Ledbetter MC,Porter KR. 1963. A microtubule in plant cell fine structure. J Cell Biol,19(1):239-250.

Slautterback DB. 1963. Cytoplasmic microtubules. J Cell Biol,18(2):367-388.

实验二十四　肿瘤细胞染色体组蛋白（H3K4）双甲基化修饰的免疫荧光检测

一、实验目的与要求

1. 掌握动物细胞培养、染色体制备原理与方法。
2. 掌握染色体组蛋白甲基化修饰的免疫荧光检测原理与方法。
3. 观察肿瘤细胞组蛋白 H3K4 甲基化在染色体水平的分布特征。

二、实验原理与技术应用

组蛋白（histone）是构成真核生物染色体的基本蛋白，主要包括 H1、H2A、H2B、H3 和 H4 五种类型，其中 H2A、H2B、H3 和 H4 以八聚体的形式构成核小体的盘状核心颗粒，H1 在核心颗粒之外通过与盘绕在组蛋白八聚体上 DNA 的端部结合，起到稳定核小体的作用，而核小体是构成染色体高级结构的基本单位。除作为结构蛋白在染色体高级结构形成过程中发挥重要作用外，组蛋白游离的氨基末端蕴涵着丰富的表观遗传修饰信息，如组蛋白乙酰化、甲基化、磷酸化等。不同位点上的不同修饰可形成大量特殊信号，类似各种不同的密码，供其他蛋白质识别，并影响一系列相关蛋白质的活动，最终在真核生物基因表达调控中发挥重要作用。组蛋白 H3 第 4 位赖氨酸（H3K4）双甲基化就是其中一种重要的组蛋白修饰形成。研究证实 H3K4 双甲基化（H3K4me2）与基因的活化表达密切相关，是基因开启表达的标记，其主要标记于染色质的常染色质区域，且主要位于基因的编码区。因而，探究 H3K4 双甲基化在染色体上的分布模式及水平特征，对于从表观遗传角度揭示染色体修饰与基因表达的关系，进而阐释染色体水平上的基因表达调控机制具有重要意义。

免疫荧光显微技术是利用抗原-抗体特异反应的原理，通过荧光素（常用的有异硫氰酸荧光素，FITC）与抗体连接成荧光抗体，再与待测标本的抗原反应，置荧光显微镜下观察，抗原-抗体复合物散发出荧光，借此对标本中的抗原作鉴定和定位分析。其主要包括直接荧光法、间接荧光法和补体法。其中，由于间接免疫荧光技术灵敏度高、广谱性强，是最常用的免疫荧光显微技术之一。

本实验利用制备的鼠抗人的 H3K4me2 单克隆抗体（一抗）、FITC 标记的山羊抗鼠的二抗，采用间接免疫荧光标记技术检测培养肿瘤细胞内染色体组蛋白 H3K4me2 模式及水平，其对于从细胞生物学角度探究染色体的表观遗传修饰特征及其与基因表达的关系具有重要意义。

三、主要仪器设备

倒置显微镜、荧光显微镜、二氧化碳培养箱、超净台、移液器、细胞培养板、离心机等。

四、主要试剂

1. 细胞系：人子宫颈癌细胞 HeLa 细胞系，CHO 细胞，293T 细胞等。

2. 10×PBS（贮存液，工作液为 1×PBS）、VP-16（依托泊苷）、2% BSA、多聚甲醛、甲醇、冰醋酸、秋水仙素（colchicine）、0.075mol/L KCl 低渗液、1640 细胞培养液、胰蛋白酶、Triton X-100、抗 H3K4me2 第一抗体、标记 FITC 荧光素的抗体（二抗）、10μg/mL DAPI 溶液（贮存液）等。

五、实验方法与操作步骤

（一）细胞传代培养

1. 取一瓶静止培养的细胞（HeLa 细胞等）在倒置显微镜下观察，细胞如已长成致密单层，即可进行传代。

2. 将培养瓶放入超净台，吸去细胞培养液，用 2～3mL PBS 轻轻洗细胞一次。

3. 加入 0.5～1mL 0.25% 胰蛋白酶，轻轻转动细胞瓶，使其浸润整个细胞层，置室温下或 37℃ 培养箱内消化 3～5min。翻转培养瓶，肉眼观察细胞单层，见细胞单层薄膜上出现针孔大小空隙时即可吸去消化液。也可以把培养瓶放在倒置显微镜下进行观察，发现胞质回缩、细胞间隙增大，应立即终止消化；如见消化程度不够时可再延长消化 1～2min，如见细胞大片脱落，表明已消化过头，则不能倒去消化液，否则就丢失了细胞，应直接进行后续操作。

4. 加入约 3mL 培养液于培养瓶中终止消化，吸取培养瓶中培养液反复吹打瓶壁上的细胞层，直至瓶壁上的细胞全部被冲下，再轻轻吹打混匀，制成单细胞悬液，取样计数，调整细胞浓度约为 $5×10^5$/mL，然后吸取 1mL 细胞悬液加到另一新的培养瓶中，原瓶留下 1mL 细胞悬液，弃去多余悬液，并向瓶中加 4mL 培养液。盖好瓶塞，置 37℃ 二氧化碳培养箱中培养。

5. 观察。细胞传代后，每天应对培养细胞进行观察，注意有无污染，培养液的颜色变化、细胞贴壁、生长情况等。若细胞贴壁存活，则称为传了一代。

（二）培养细胞中期染色体制备

1. 将长成单层的 HeLa 等细胞按 1：2 进行传代培养。如果是悬浮培养的细胞，可以直接分瓶进行传代。

2. 36h 后，用浓度为 0.04μg/mL 的秋水仙素处理 3h，或者用低浓度秋水仙素处理过夜。

3. 用 0.25% 胰蛋白酶消化液处理单层细胞,待细胞收缩变圆时,弃去消化液加入少许低渗液将细胞从瓶壁上洗脱下来。悬浮细胞可省去这一步。

4. 移入 10mL 离心管,1000r/min 离心 10min,弃上清。

5. 加入预热至 37℃ 的 0.075mol/L KCl 溶液低渗处理 15min。

6. 1000r/min 离心 10min。

7. 弃上清,加入新鲜配制的固定液 10mL(甲醇:乙酸=3:1),边加边将细胞轻轻悬起,固定 20min。

8. 离心弃上清,加 10mL 新鲜配制的固定液,固定 20min。

9. 离心弃上清,根据沉淀细胞的多少,加固定液 0.5~1mL 制成细胞悬液。

10. 吸 1~2 滴细胞悬液,距载玻片约 20cm 的高度滴于预冷的干净载玻片上,迅速对准细胞吹气,促进染色体分散,酒精灯上微加热,自然干燥。

11. 风干后镜检,-20℃ 冰箱中保存待用。

(三)培养细胞药物处理及染色体标本制备

1. 将长成单层的 HeLa 等细胞按 1:2 进行传代培养。培养 24h 后,将细胞分成若干组,分别加入不同浓度的抗癌药物 VP-16(依托泊苷)进行药物处理,处理时间分别为 2h 和 6h。

2. 将含有药物处理的培养基倒掉,重新加入新鲜培养基继续培养 6~10h,在细胞培养至 36h 后加入浓度为 $0.04\mu g/mL$ 的秋水仙素处理 3h,或者低浓度秋水仙素处理过夜。

3. 用 0.25% 胰蛋白酶消化液处理单层细胞,待细胞收缩变圆时,弃去消化液加入少许低渗液将细胞从瓶壁上洗脱下来。

4. 移入 10mL 离心管,1000r/min 离心 10min,弃上清。

5. 加入预热的 37℃ 的 0.075mol/L KCl 溶液低渗处理 15min。

6. 1000r/min 离心 10min。

7. 弃上清,加入新鲜配制的固定液 10mL(甲醇:乙酸=3:1),边加边将细胞轻轻悬起,固定 20min。

8. 离心弃上清,加 10mL 新鲜配制的固定液,固定 20min。

9. 离心弃上清,加固定液 0.5mL 制成细胞悬液。

10. 吸 1~2 滴细胞悬液,距载玻片约 20cm 的高度滴于预冷的干净载玻片上,迅速对准细胞吹气,促进染色体分散,酒精灯上微加热,自然干燥。

11. 风干后镜检,-20℃ 冰箱中保存待用。

(四) 组蛋白 H3K4me2 免疫荧光检测

1. 固定:4%多聚甲醛(PBS 配制,含 0.05% Triton X-100)处理制备好的染色体涂片,10min。

2. 吸弃 4%多聚甲醛,用 PBS 洗涤 2 次,每次 2min。

3. 用吸水纸轻轻吸去片子上的液体,在片子上滴加 20μL 2%牛血清白蛋白(BSA)封闭液,将片子放入湿盒中,室温下封闭 30min。

4. 用吸水纸吸去载玻片上的封闭液,然后在片子上滴加 20μL 稀释好(1:50 稀释,参见产品说明书)的小鼠抗人的 H3K4m2 单克隆抗体(一抗),盖上盖玻片或封口膜,在湿盒中 37℃孵育 2h。

5. PBS 洗涤 2 次,每次 2min,随后加入稀释后的 20μL FITC 标记的二抗(1:100 稀释),盖上盖玻片或封口膜,在湿盒中 37℃孵育 2h。

6. PBS 洗涤 2 次,每次 2min,自然晾干后,加 5μL 含有防荧光淬灭剂的 DAPI 复染,加上盖玻片,荧光显微镜下观察。

7. 观察:在荧光显微镜下,细胞核及染色体在紫外激发下观察到蓝色荧光,组蛋白 H3K4 双甲基化区域在蓝色激光激发下,产生绿色荧光信号。

8. 结果整理、分析。

六、思考题

1. 根据实验结果分析不同细胞类型染色体组蛋白 H3K4me2 模式特征。

2. 根据实验结果分析不同药物浓度、不同处理时间条件下细胞染色体组蛋白 H3K4me2 模式变化特征,进而分析 H3K4me2 模式变化特征与细胞其他生物学特征的相关性。

参 考 文 献

Bernstein BE, Kamal M, Lindblad-Toh K, et al. 2005. Genomic maps and comparative analysis of histone modifications in human and mouse. Cell, 120(2):169-181.

Jenuwein T, Allis CD. 2001. Translating the histone code. Science, 293(5532):1074-1080.

Rougeulle C, Navarro P, Avner P. 2003. Promoter-restricted H3 Lys 4 di-methylation is an epigenetic mark for monoallelic expression. Hum Mol Genet, 12(24):3343-3348.

Strahl BD, Allis CD. 2000. The language of covalent histone modifications. Nature, 403(6765):41-45.

实验二十五　小鼠肺组织切片 *Galectin-1* 基因表达的免疫组织化学检测

一、实验目的与要求

1. 掌握免疫组织化学检测的基本原理。
2. 熟悉免疫组织化学检测基因表达的基本技术与策略。
3. 了解免疫组织化学技术在科研工作中的实际应用。

二、实验原理与技术应用

基因表达检测是生命科学研究中的重要实验技术。从表达产物上分，基因表达的检测分为对 mRNA 的检测和对蛋白质的检测。由于蛋白质是基因表达的最终产物，亦是决定机体生物学特性的功能分子，对蛋白质的检测显得尤为重要。免疫组织化学染色（immunohistochemistry）是利用抗体与抗原特异性结合的特性，通过化学反应使标记抗体的显色剂显色来确定组织细胞内的抗原（多肽和蛋白质），对其进行定位、定性及定量研究的技术，是对蛋白质表达和蛋白质组织细胞分布特性的双重分析。通常情况下，基因的表达定位与其在某一生理过程中的功能密切相关。所以，通过免疫组织化学技术我们不仅可以了解某一蛋白质在特定组织中的表达水平，还可根据表达这一蛋白质的细胞生物学特性，推测相应蛋白质的功能。

免疫组织化学染色的基本程序包括组织标本制备、一抗和二抗的孵育及显色分析等步骤。免疫组化常用的组织和细胞标本主要有石蜡切片、冰冻切片、组织印片、细胞爬片和细胞涂片等。石蜡切片的优点在于组织形态保存好，可连续切片，有利于各种染色对照观察，同时易长期存档，以便回顾性研究；但由于制片过程中可能形成抗原封闭，需要进行抗原修复。冰冻切片的优势在于制片过程简单、快捷。免疫组化的抗体既可选择单克隆抗体，亦可选择多克隆抗体。通常单克隆抗体特异性强，但亲和力相对稍弱，检测灵敏度低；而多克隆抗体特异性相对较弱，但抗体亲和力强、灵敏度高，不过易出现非特异性反应。免疫组化的二抗一般为荧光素、酶、金属离子、同位素等标记的二抗。其中最常见的为荧光或酶标记，如异硫氰酸荧光素（FITC）、四甲基异氰酸罗达明（TRITC）等标记的荧光二抗，以及辣根过氧化物酶或碱性磷酸酶标记的二抗。荧光标记二抗的检测结果可直接在荧光显微镜下观察分析，该方法灵敏度高，利用双重免疫荧光法还可对同一组织细胞标本上两种抗原同时进行检测。酶标记法的基本原理是酶分子可在标记原位将无色的可溶性底物转化为有颜色的不溶性产物,这些有色沉淀在普通生物显微镜下即可检出,结合 HE 染色等其他复染,可将被检测物质与组织的形态学特征相互关联。为提高酶标记法检测的灵敏度,利用生物素-亲和素系统已建立起 ABC 法(avidin biotin method)、TSA 法(tyramide signal amplification)等信号放大系统。免疫组化显色结果可在显微镜下直接观察,亦可利用 ImagePro Plus(MediaCybernetics 美国)、simple PCI(Compix Inc. ,美国)、Qwin(Leica Inc. ,德国)等软件系统进行定量或半定量分析。

随着免疫组织化学技术的发展和各种特异性抗体的开发,免疫组织化学染色已成为科学研究、病理诊断、愈后判断等领域的重要辅助手段。为确保免疫组织化学染色的准确性和可重复性,近年来,美国罗氏、德国徕卡等公司相继推出了各种型号自动免疫组化仪,使这一方法更加精确、方便、高效而且环保。

本实验以小鼠肺组织切片为材料,通过免疫组织化学染色,检测肺泡发育相关蛋白 Galectin-1 的表达。Galectin-1 蛋白首先与其抗体(一抗)结合,标记辣根过氧化物酶(HRP)的二抗又可特异性地结合一抗,而 HRP 可将其底物二氨基联苯胺(DAB)转化为棕色沉淀物使抗原得以被检测。

三、主要仪器设备

染色缸、组化笔、脱色摇床、温箱、显微镜及摄像系统等。

四、主要试剂

1. PBS 溶液:在 800mL 蒸馏水中溶解 8g NaCl、0.2g KCl、1.44g Na_2HPO_4 和 0.24g KH_2PO_4,用 HCl 调节溶液的 pH 至 7.4,加水定容至 1L,在 $1.034×10^5$ Pa 高压下蒸汽灭菌 20min。保存于室温。
2. 0.2% Tween20
3. 3% H_2O_2 和 0.2% Tween20 的 PBS 溶液
4. 核固红染液:将核固红溶入 15%硫酸铝水溶液中,加热溶解,冷却过滤后备用(有商品化成品)。
5. 无水乙醇
6. 二甲苯
7. 胰蛋白酶
8. 驴血清
9. 一抗(goat anti-mouse galectin-1)
10. 二抗(rabbit anti-goat-HRP)
11. DAB 显色液
12. 盐酸

13. 中性树胶

五、实验方法与操作步骤

（一）组织切片脱蜡入水

选取出生后 11 天的小鼠肺组织切片置于玻璃染色缸中,烤箱内 65℃烘烤 1h。向染色缸中加入二甲苯,于脱色摇床上摇洗切片 5min,重复上述操作 2 次。无水乙醇摇洗切片 2 次,每次 5min。95% 乙醇、75% 乙醇、ddH_2O 各摇洗切片 1 次,每次 3min。用含 0.2% Tween20 的 PBS 溶液再摇洗切片 5min。

（二）抗原修复

为消除固定时分子之间所形成的交联,恢复抗原原有的空间形态,以 0.1% 胰蛋白酶于 37℃ 处理切片上的样本 15min 进行抗原修复。

（三）封闭内源过氧化物酶

以含 0.2% Tween20 的 PBS 溶液摇洗切片 3 次,每次 5min,去除胰蛋白酶。用 3% H_2O_2 和 0.2% Tween20 的 PBS 溶液摇洗切片 15min。

（四）封闭非特异性的背景

以含 0.2% Tween20 的 PBS 溶液摇洗切片 3 次,每次 5min,去除 3% H_2O_2。以组化笔圈出样品,将 5% 驴血清和 0.2% Tween20 的 PBS 溶液滴加于样本之上,室温孵育 2h。

（五）抗体(一抗)结合

将切片侧立于吸水纸上,倾去封闭用血清。一抗(goat anti-mouse galectin-1)以 5% 驴血清和 0.2% Tween20 的 PBS 溶液 1∶200 稀释后滴加于切片样本之上,4℃ 孵育过夜。

（六）二抗结合

以含 0.2% Tween20 的 PBS 溶液摇洗切片 3 次,每次 5min,去除一抗。二抗(donkey anti-goat-AP)依 5μL 抗体/mL 封闭液比例稀释后滴加于切片样本之上,室温孵育 30min。

（七）显色

以含 0.2% Tween20 的 PBS 溶液摇洗切片 3 次,每次 5min,去除二抗。将底物 DAB 滴加于切片样本之上,于显微镜下观察显色,待显色完毕后终止反应。

(八)复染

ddH$_2$O$_2$ 摇洗切片 10min 去除显色液。核固红复染约 2min,流水冲洗 5min 去除染液。

(九)脱水、封片

以 50%、70%、80%、95%、100%乙醇分别摇洗切片 2~5min,进行梯度脱水。二甲苯摇洗切片 2 次,每次 10min。中性树胶封片。

(十)镜检、照相

于显微镜下观察染色结果,并照相分析。

六、思考题

1. 免疫组化实验如何设置阳性和阴性对照?
2. 影响抗体与靶蛋白结合的主要因素有哪些?

参 考 文 献

Faget L, Hnasko TS. 2015. Tyramide signal amplification for immunofluorescent enhancement. Methods Mol Biol, 1318:161-172.

Hsu SM, Raine L, Fanger H. 1981. Use of avidin-biotin-peroxidase complex(ABC)in immunoperoxidase techniques: a comparison between ABC and unlabeled antibody(PAP)procedures. J Histochem Cytochem, 29(4):577-580.

Schönhuber W, Fuchs B, Juretschko S, et al. 1997. Improved sensitivity of whole-cell hybridization by the combination of horseradish peroxidase-labeled oligonucleotides and tyramide signal amplification. Appl Environ Microbiol, 63(8):3268-3273.

实验二十六　二维电泳检测热休克处理对细菌蛋白表达谱的影响

一、实验目的与要求

1. 掌握二维电泳的基本原理。
2. 熟悉二维电泳的基本操作与电泳结果图谱分析技术。
3. 了解二维电泳在科研工作中的实际应用。

二、实验原理与技术应用

二维电泳(two-dimensional electrophoresis, 2-DE)是等电聚焦电泳(isoelectric focusing, IEF)和 SDS-聚丙烯酰胺凝胶电泳(SDS-PAGE, polyacrylamide gel electrophoresis)的组合。

二维电泳的第一向为等电聚焦电泳,蛋白质依等电点(pI)差异沿 pH 梯度被分离。等电聚焦以预制的聚丙烯酰胺凝胶条为支持介质,胶条内含由多羧基、多氨基脂肪族化合物异构物/同系物之混合物构成的载体两性电解质。在电场作用下,载体两性电解质组分按各自 pI 在胶条中形成从阳极到阴极逐渐增加的线性 pH 梯度。蛋白质在 pH 梯度凝胶中泳动,当迁移至胶条 pH 等于其 pI 处时,不再泳动,因而被浓缩成狭窄的区带。第一向电泳结束后,将胶条旋转 90°替代浓缩胶置于已凝聚的分离胶顶部进行第二向电泳,即 SDS-聚丙烯酰胺凝胶电泳。带电蛋白分子在电场中运动的速度与其所带电荷、分子大小和形状有关。由于 SDS 可与蛋白质以 1.4∶1 的比例结合,使蛋白质在溶液中带大量负电荷,并形成棒状结构,消除了蛋白质的电荷及形状差异。所以当蛋白样品通过 SDS-聚丙烯酰胺凝胶中具有特定孔径的三维网状结构时,可依其分子大小再次被分离(图 26-1)。

经过二维电泳所得到的凝胶上的每一个斑点,都代表样品中的一个蛋白质及其丰度,并相应于特定的等电点和分子质量。电泳结果扫描后,可用 PDQuest 等软件精确分析不同样品中蛋白表达的差异。进一步的,还可结合凝胶切割系统和质谱技术,对凝胶中特定的蛋白质进行鉴定分析。

作为蛋白质组学研究的核心技术之一,由 O'Farrell 首创于 1975 年的二维电泳是目前唯一可将数千种蛋白质同时分离的方法。随着技术的发展,电泳的分辨率和灵敏度不断提高。从最初的分离几百个蛋白质,到如今最高可分辨万余个蛋白质,甚至 pI 差别小于 0.003 个 pH 单位的蛋白质也可以被分辨。二维电泳技术的出现,为鉴定不能通过基因组序列预测的转录后和共转录修饰提供了无可替代

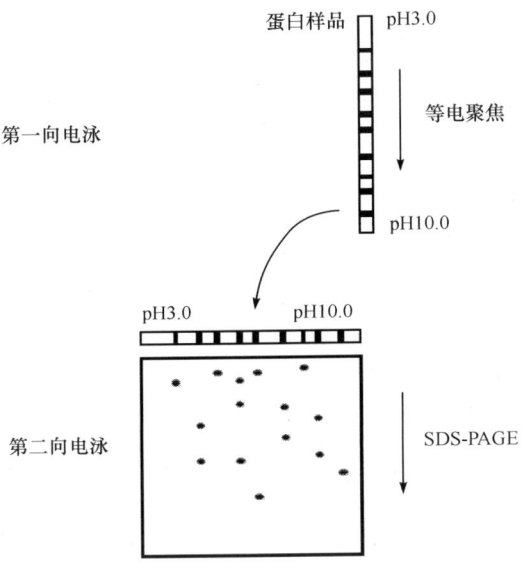

图 26-1　二维电泳原理

的手段,如同为蛋白组学研究插上了翅膀。至今这一技术已广泛应用于生命科学研究的各个领域,在全蛋白组分析、细胞分化及凋亡检测、病原体致病机制及耐药机制探究、肿瘤标志物及治疗靶点筛查、新药开发、蛋白纯度检查、微量蛋白纯化、疫苗开发等许多研究过程中发挥重要作用。国际蛋白质数据库如 SWISSPROT 和 PIR 中现有大量标准双向电泳结果图谱可供查阅参考。

本实验以细菌为材料,通过二维电泳与图谱分析技术,检测热休克处理对细菌蛋白表达谱的影响,旨在使同学们学习和掌握二维电泳的原理和相关技术,理解生命个体通过基因表达调节适应逆境的策略。

三、主要仪器设备

等点聚焦仪、电泳仪、电泳槽、制胶架等。

四、主要试剂

1. 10%SDS
2. 凝胶贮液(30%Acr-0.8%Bis)
3. 分离胶缓冲液(1.5mol/L pH8.8 Tris-HCl)
4. 10%过硫酸铵
5. TEMED
6. pH8.3 Tris-Gly 电极缓冲液

7. 0.05%考马斯亮蓝 R250
8. 脱色液:30%甲醇、10%乙酸水溶液
9. 乙酸
10. 甲醇
11. Loading Buffer
12. 双向电泳第一项胶条(pH 3~10)
13. 载体两性电解质(pH 3~10)
14. 矿物油
15. MilliQ 超纯水
16. 低熔点琼脂糖
17. 水化上样缓冲液:尿素 4.805g、CHAPS 0.4g、DTT 0.098g(现加) Bio-Lyte 50μL(40%)(现加)、溴酚蓝 10μL(1% 溴酚蓝),以 MilliQ 超纯水溶解并定容至 10mL(可以水浴加热助溶)。分装成 10 小管,每小管 1mL,−20℃冰箱保存备用。
18. 胶条平衡缓冲液母液:尿素 36g、SDS 2g、25mL 1.5mol/L Tris-HCl(pH8.8)、甘油 20mL,MilliQ 超纯水溶解并定容至 100mL。分装成 10 管,每管 10mL,−20℃冰箱保存备用。
19. 胶条平衡缓冲液Ⅰ:向 10mL 胶条平衡缓冲液母液中加入 0.2g DTT,充分混匀。用时现配。
20. 胶条平衡缓冲液Ⅱ:向 10mL 胶条平衡缓冲液母液中加入 0.25g 碘乙酰胺,充分混匀。用时现配。
21. 低熔点琼脂糖封胶液:低熔点琼脂糖 0.5g、Tris 0.303g、甘氨酸 1.44g、1mL 10% SDS、100μL 1%溴酚蓝,MilliQ 超纯水溶解并定容至 100mL。加热溶解至澄清,室温保存。
22. BCA 蛋白质定量试剂盒

五、实验方法与操作步骤

(一)蛋白质样品处理

1. 菌种复苏过夜。
2. 复苏菌种 1:100 接种至 250mL LB(Amp)培养基(共接种 2 瓶)37℃培养过夜。
3. 热休克处理:2 瓶过夜培养的细菌分别于 37℃和 42℃继续培养 30min。
4. 收集细菌:4℃,8000r/min 离心 5min 收集菌体,以 20mL 预冷 50mmol/L(pH8.0)Tris-HCl 重悬菌体。
5. 低温下超声波裂解菌体,至悬浮液清亮。

6. 4℃,12 000r/min 离心 20min,收集含可溶性蛋白的上清。

7. 丙酮沉淀:3 倍体积－20℃预冷丙酮溶液于－20℃沉淀蛋白 2h;4℃、12 000r/min 离心 30min 收集蛋白沉淀,以冷丙酮洗沉淀 2 次并尽量晾干除去丙酮。蛋白沉淀可于－20℃以下保存备用。

(二) 蛋白定量(BCA 蛋白定量试剂盒)

1. 配制 BCA 工作液:根据样品数量,将 BCA 试剂和 Cu 试剂按 50∶1 配制适量 BCA 工作液,充分混合(配制 BCA 工作液前将 BCA 试剂摇晃混匀,溶液在 24h 内稳定)。

2. 稀释标准品:取 30μL BSA 标准品用 PBS(水)稀释至 300μL(终浓度 0.5mg/mL),按表 26-1 稀释为 8 个浓度。

表 26-1 BSA 标准品配置

编号	BSA(0.5mg/mL)体积/μL	PBS 体积/μL	BSA 终浓度/(μg/mL)
1	0	20	0
2	2	18	50
3	4	16	100
4	6	14	150
5	8	12	200
6	12	8	300
7	16	4	400
8	20	0	500

3. 蛋白样品溶于 100μL H_2O(或 PBS),用 H_2O(PBS)将样品做适当稀释(1 倍、5 倍、10 倍、20 倍、30 倍梯度稀释)。

4. 分别吸取 20μL 不同浓度 BSA 标准液和待测样品到 96 孔板中(每组做 3 个平行实验)。

5. 向每孔中各加入 200μL BCA 工作液,充分混匀。37℃保温 15～30min。用酶标仪于 562nm 处检测其吸光度。

6. 根据标准曲线计算样品蛋白浓度(注意防止因水分蒸发影响检测结果)。

(三) 第一向等电聚焦电泳

1. 将蛋白沉淀溶于适量上样缓冲液使其终浓度为 1.4mg/mL。

2. 从冰箱中取－20℃冷冻保存的 IPG 预制等电聚焦电泳胶条(7cm,pH3～10),室温放置 10min。

3. 沿聚焦盘中电泳槽的边缘从左至右线性加入样品 125μL(含蛋白质

169μg)。注意：槽两端各留 1cm 左右不要加样；中间的样品液保持连贯，避免产生气泡。

4. 用镊子轻轻分离预制 IPG 胶条保护膜，将胶条胶面向下置于电泳槽中样品溶液上，胶条正负极需与聚焦槽电极相互对应。注意：确保胶条与电极紧密接触；避免样品溶液溢至胶条背面的塑料支撑膜上；去除胶条下溶液中的气泡。

5. 在每根胶条上覆盖 1.5mL 矿物油，防止胶条水化过程中液体的蒸发。

6. 将聚焦盘水平放入等电聚焦仪中，对好正、负极，盖上盖子。按表 26-2 设置等电聚焦程序。

表 26-2 等电聚焦程序

步骤	条件	时间	功能
水化	18℃，50V	12h	水化
S1	250V 线性	30min	除盐
S2	500V 快速	30min	除盐
S3	4000V 线性	3h	升压
S4	4000V 快速	20 000V·h	聚焦
S5	500V 快速	任意时间	待续

7. 聚焦结束的胶条可立即进行平衡并进入第二向 SDS-PAGE 电泳，或者将胶条置于样品水化盘中，−20℃冰箱保存备用。

（四）第二向 SDS-PAGE 电泳

1. 按照表 26-3 配制 12% 的聚丙烯酰胺凝胶。

表 26-3 12% 聚丙烯酰胺凝胶配比

试剂	体积/mL
Acr/Bis 30%	4.0
1.5mol/L Tris-HCl(pH 8.8)	2.5
10% SDS	0.1
10% AP	0.1
H_2O	3.3
TEMED	0.004

2. 将凝胶液注入制胶玻璃板夹层中，上部留 1cm 高的空间以便放置第一向胶条。用 MilliQ 超纯水封闭胶面，聚合约 30min。

3. 将等电聚焦完成后的胶条胶面朝上置于 Whatman 滤纸上，把另一张 MilliQ 超纯水浸湿的滤纸直接覆于胶条上，轻轻吸干胶条上的矿物油及多余样品。

4. 将胶条转移至水化盘的胶槽中,加入 2.5mL 胶条平衡缓冲液 I,于水平摇床上缓慢振荡 15min 还原二硫键。

5. 彻底弃除胶条平衡缓冲液 I,并用滤纸吸除多余的平衡液。再加入胶条平衡缓冲液 II,继续在水平摇床上缓慢振荡 15min 烷基化巯基。

6. 彻底弃除胶条平衡缓冲液 II,滤纸吸除多余的平衡液。再加入 1×电泳缓冲液,于水平摇床上略加振荡。

7. 用滤纸吸去 SDS-PAGE 凝胶上方玻璃板间的多余液体。在凝胶的上方加入已熔化的低熔点琼脂糖。

8. 用镊子将 IPG 胶条从样品水化盘中移出,胶面朝上放在制胶的长玻璃板上。

9. 用镊子或长针头轻轻地将胶条向下推,使之与聚丙烯酰胺凝胶胶面完全接触。

10. 放置 5min,使低熔点琼脂糖彻底凝固。

11. 将凝胶转移至电泳槽中进行电泳。起始时用低电流(5mA/gel/17cm)或低电压,当样品完全走出 IPG 胶条进入聚丙烯酰胺凝胶并浓缩成一条线后,再加大电流(或电压)(20~30mA/gel/17cm)。待溴酚蓝指示剂达到凝胶底部边缘时停止电泳,取出凝胶,并切角标记。

12. 0.05% 考马斯亮蓝 R250 染色凝胶 20min。

13. 脱色液脱色凝胶至获得清晰的电泳谱带。

(五)扫描电泳结果,PDQuest 软件分析电泳结果

光密度扫描仪扫描电泳凝胶,PDQuest 软件分析电泳结果,探讨热休克对细菌蛋白表达谱的影响。

六、思考题

1. 试分析二维电泳各步操作的依据。
2. 比较 SDS-聚丙烯酰胺凝胶电泳和双向电泳对蛋白质的分离作用。

参 考 文 献

熊伟. 2010. 蛋白质组双向电泳技术在生物医学研究中的应用进展. 生命科学仪器,8(2):7-10.
Magdeldin S, Enany S, Yoshida Y, et al. 2014. Basics and recent advances of two dimensional-polyacrylamide gel electrophoresis. Clin Proteomics,11(1):16-25.

Oliveira B M, Coorssen J R, Martins-de-Souza D. 2014. 2DE: the phoenix of proteomics. J Proteomics, 2(104):140-150

O'Farrell P H. 1975. High resolution two-dimensional electrophoresis of proteins. J Biol Chem, 250:4007-4021.

Rabilloud T, Chevallet M, Luche S, et al, 2010. Two-dimensional gel electrophoresis in proteomics: Past, present and future. J Proteomics, 73(11):2064-2077.

实验二十七　用 AKTA prime plus 蛋白质层析系统纯化绿色荧光蛋白(GFP)

一、实验目的与要求

了解原核表达系统的原理和技术,了解超声波破碎的原理及技术,了解蛋白质层析系统的原理与技术,学习利用层析技术大量纯化蛋白质,学习 SDS-PAGE 对蛋白质分子质量和纯度的测定,学习微量紫外分光光度计法对蛋白浓度的测定。

二、实验原理与技术应用

蛋白纯化的基本原理:在组织或细胞中含有成千上万种不同的蛋白质,利用不同蛋白质在物理、化学和生物学性质上的差异,设计合理的纯化方案可以得到高纯度的目的蛋白。目前主要用层析法来分离纯化蛋白质,层析法是利用不同物质理化性质的差异而建立起来的技术。所有的层析系统都由两个相组成:一个是固定相,它或者是固体物质,或者是固定于固体物质上的成分;另一个是流动相,即可以流动的物质,如水和各种溶剂。当有待分离的混合物随流动相通过固定相时,由于各组分的理化性质存在差异,与两相发生相互作用(吸附、溶解、结合等)的能力不同,在两相中的分配比例不同,而且随溶剂向前移动,各组分不断地在两相中进行再分配。

对于蛋白质的分离纯化来说,一般采用的是液-固层析法和柱层析法。常用的层析法有以下几种:利用蛋白质或是多肽与配体之间的相互作用开发出的亲和层析;根据蛋白质分子质量及形状差异开发出的分子排阻层析;根据蛋白表面电荷不同开发出的离子交换层析。一般目的蛋白的纯化都会采用两种以上的纯化手段,以最少的步骤得到最纯的样品。理论上来说,纯化的步骤越多,蛋白质的纯度越高,但是蛋白质得率越低。蛋白质分离纯化的方法有很多,主要有以下三种。

(一) 亲和层析

Ni-NTA 亲和层析利用组氨酸能够与 Ni 等过渡金属离子产生特殊的相互作用的原理,通过螯合有 Ni 离子的珠子亲和带有 His6 标签的融合蛋白。再用高浓度的咪唑将含 His6 标签的蛋白竞争下来,以达到纯化的目的。这种方法可以非常快速地从细胞裂解液中富集纯化出目的蛋白,一般用在 His6 标签的融合蛋白纯化的第一步。但其缺点是特异性不是很强,常常会有杂蛋白和核酸的污染。另外,Ni-NTA 亲和层析可以纯化变性状态的目标蛋白(图 27-1)。

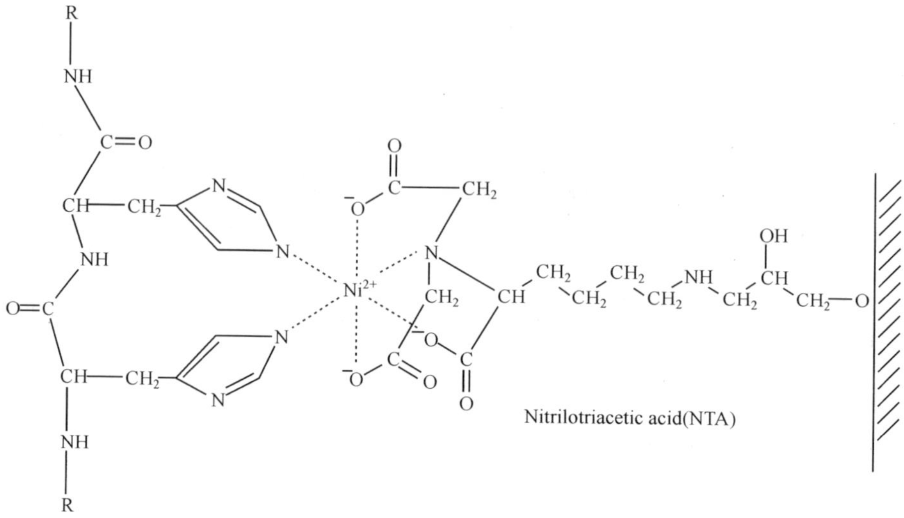

图 27-1　Ni-NTA 亲和原理图（引自：Ni-NTA Magnetic Agarose Beads Handbook 12/2001）

（二）分子排阻层析

分子排阻层析，又称凝胶过滤层析和分子筛层析，主要根据凝胶颗粒的孔径大小与分子大小和形状的相对关系而对溶质进行分离的方法。它是以多孔性凝胶填料为固定相，如琼脂糖凝胶 Sepharose 和葡聚糖凝胶 Sephadex 等，这些凝胶颗粒中分布着不同尺寸的孔径。当分子进入层析柱后，它们中的不同组分按分子大小不同，进入孔径内的概率不同。直径大于孔径的分子不能进入填充剂颗粒内部，只能沿多孔凝胶颗粒之间的空隙通过层析柱；直径较小的分子能够进入到填充剂颗粒内部，在柱中受到更强的滞留，会更慢地被洗脱出；所以分子越小，相对路径越长，导致它们通过柱子的时间就越长，利用这种性质可以对不同大小和形状的蛋白分子进行分离和纯化。同时，高分辨率的分子排阻层析可以用来对溶液中的蛋白质构象进行研究（图 27-2）。

（三）离子交换层析

离子交换层析是依据流动相中的组分离子与交换剂上的平衡离子进行可逆交换时的结合力大小差别而进行分离的一种层析方法。根据凝胶介质上可交换的离子的不同可分为阳离子交换层析和阴离子交换层析。固定相的带电基团是负电荷的时候，其可交换离子为阳离子，这种称为阳离子交换剂；固定相的带电基团是正电荷的时候，其可交换离子为阴离子，这种称为阴离子交换剂。阴离子交换柱的功能团主要是—NH_2 和—NH_3^+；阳离子交换剂的功能团主要是—COOH 及—SO_3H。

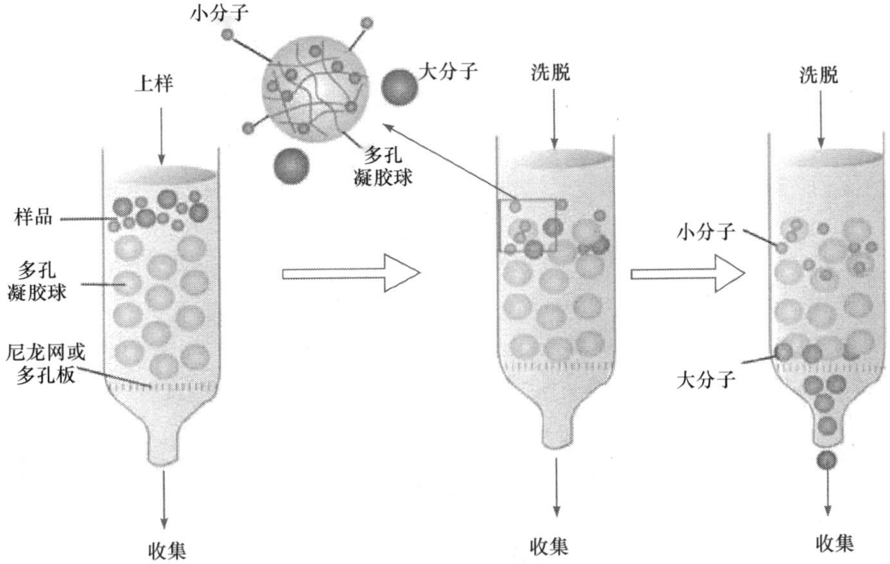

图 27-2 分子排阻层析原理图

(引自:http://shiyan.ebioe.com/gelchromatographymolecularmass.html)

其中,—NH_2 和—COOH 离子交换柱属于弱离子交换剂,只在一定的 pH 范围内才具有离子交换能力;而—NH_3^+ 和—SO_3H 离子交换柱属于强离子交换剂,在很广泛的 pH 范围内都有离子交换能力。离子交换层析是利用生物分子本身的带电性质将带有相同电荷的蛋白吸附到层析介质上,再通过用离子强度梯度洗脱,从而将带电荷不同的蛋白分开。常用的阳离子交换柱如 SP 和 CM 柱,阴离子交换柱如 Q 和 DEAE 柱(图 27-3)。

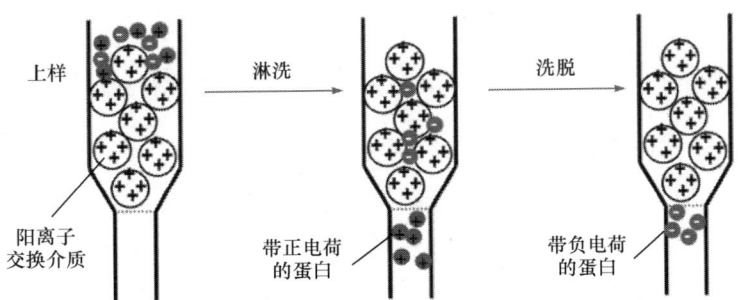

图 27-3 离子交换层析原理图(引自:http://www.nercb.cas.cn/product4/50.htm)

本实验以大肠杆菌为材料,在大肠杆菌中大量表达重组 GFP 蛋白,并用 AKTA prime plus 蛋白质层析系统结合各种层析柱纯化 GFP 蛋白,在每步纯化后利用 SDS-PAGE 进行纯度的鉴定,最终获得大量高纯度的 GFP 蛋白。

三、主要仪器设备

恒温摇床,培养箱,AKTA prime plus、各种层析柱、电泳仪、Amicon 浓缩桶、nano drop 紫外分光光度计等。

四、主要试剂

1. LB 液体培养基:胰蛋白胨 10g,酵母提取物 5g,NaCl 10g,溶于 1L 蒸馏水,121℃、20min 高压灭菌,4℃贮存。

2. Amp 培养板:胰化蛋白胨 1g,酵母提取物 0.5g,NaCl 1g,溶于 100mL 蒸馏水,121℃、20min 高压灭菌,稍冷却之后,加入终浓度为 100μg/mL 的氨苄青霉素,倒平板备用。

3. 1mol/L IPTG(异丙基硫代半乳糖苷)

4. Milli Q 超纯水

5. 100mmol/L PMSF(苯甲基磺酰氟)

6. Ni 亲和层析缓冲液:

结合缓冲液:50mmol/L Tris-HCl(pH7.9),500mmol/L NaCl,10mmol/L Imidazole。

洗脱缓冲液:50mmol/L Tris-HCl(pH7.9),500mmol/L NaCl,1mol/L Imidazole。

Stripping 缓冲液:50mmol/L Tris-HCl pH(7.9),200mmol/L EDTA,500mmol/L NaCl。

Charge 缓冲液:50mmol/L $NiSO_4$。

7. 分子排阻层析缓冲液:

50mmol/L Tris-HCl(pH7.5),50mmol/L NaCl,1mmol/L EDTA,1mmol/L DTT。

8. 离子交换柱缓冲液:

低盐缓冲液 A:50mmol/L Tris-HCl(pH7.5),50mmol/L NaCl,1mmol/L DTT。
高盐缓冲液 B:50mmol/L Tris-HCl(pH7.5),1 mol/L NaCl,1mmol/L DTT。

9. SDS-PAGE 相关缓冲液:

聚丙烯酰胺凝胶贮液(30% Acr-0.8% Bis):丙烯酰胺 29.2g,*N-N*-甲叉双丙烯酰胺 0.8g,加入去离子水定容至 100mL,pH 不能超过 7.0,过滤于棕色玻璃瓶中,4℃贮存。

分离胶缓冲液(1.5mol/L Tris-HCl,pH8.8)

浓缩胶缓冲液(0.5mol/L Tris-HCl,pH6.8)
10%过硫酸铵
10%SDS(十二烷基硫酸钠)
TEMED(四甲基乙二胺)
pH8.3 Tris-Gly 电极缓冲液:3.0g Tris,14.4g 甘氨酸,1.0g SDS,溶于1L 蒸馏水。
染色液:0.1g 考马斯亮蓝 R250,45mL 甲醇,10mL 冰醋酸,定容至 100mL,过滤备用。
脱色液:10%甲醇、10%冰醋酸的水溶液。
蛋白质上样缓冲液。
20% 乙醇。

五、实验方法与操作步骤

绿色荧光蛋白(green fluorescent protein,GFP)是一种在美国西北海岸所盛产的水母中所发现的一种蛋白质。1962年,下村修正在这种水母的发光器官内发现天然绿色荧光蛋白。它之所以能够发光,是因在其包含 238 个氨基酸的序列中第 65~67 个氨基酸(丝氨酸-酪氨酸-甘氨酸)残基,可自发地形成一种荧光发色团。

(一) 表达 GFP 重组蛋白

1. 将重组表达质粒(pET.32a-GFP)转化大肠杆菌感受态细胞 BL21(DE3),转化后置于 100μg/mL 氨苄青霉素(Amp)的 LB 平板上,37℃过夜孵育。
2. 挑取转化的单克隆菌落于 5mL 含有 100μg/mL Amp 的液体 LB 培养基中,在 37℃摇床中 220r/min 培养,直到变混浊。
3. 再将 5mL 的菌液转移到 1L 含有 100μg/mL Amp 的液体 LB 培养基中继续在摇床中培养到 OD 值达到 0.6,培养条件 220r/min、37℃。
4. 冰水混合物中降温 30min,然后每升菌液加 300μL 1mol/L 的 IPTG,IPTG 终浓度 300μmol/L。16℃、220r/min,诱导 16~20h。
5. 培养表达后,用高速离心机 5000r/min 离心 15min 收集并用 Ni-NTA 柱结合缓冲液重悬漂洗菌体。

(二) GFP 蛋白纯化

1. 菌体超声破碎:30mL 结合缓冲液悬起菌体沉淀后,倒入 50mL 烧杯中,添加蛋白酶抑制剂 PMSF(终浓度 1mmol/L)。将菌悬液在冰上预冷,并在整个超声破碎过程中,始终在冰上放置保持低温状态。超声破碎程序:直径 6mm 超声探头置于液面下,功率调到200W,按照超声5s、间歇5s,循环重复25次,破碎一轮后将菌悬液摇晃或搅拌均匀后,根据情况按上述程序再重复破碎1~2个循环。破碎完成后,将裂解液放入提前预冷过的高速离心管中,4℃、18 000r/min离心30min。

2. Ni-NTA柱纯化:亲和纯化过程中使用的是预装的5mL Ni-NTA柱,在AKTA prime plus层析系统上,先用结合缓冲液和洗脱缓冲液分别平衡A、B泵,并用结合缓冲液平衡预装Ni柱至基线平衡。将裂解液经过高速离心之后的上清,用0.45μm过滤然后用A泵上样。样品全上柱后,用结合缓冲液冲洗Ni柱直到UV值降到不再变化,这表明未结合的杂蛋白已经全部冲掉。将UV检测线冲平以后,用B泵和A泵形成咪唑梯度,设定程序将结合的蛋白质洗脱下来。每管5mL收集蛋白洗脱液,SDS-PAGE检测洗脱液样品,根据电泳结果收集目的蛋白溶液。

3. 分子排阻层析纯化:纯化过程中用到的分子排阻层析柱为GE公司的High load 16/60 Superdex™200,该色谱柱体积为120mL。提前用分子筛缓冲液平衡分子排阻色谱柱1个柱体积,然后将收集的蛋白经过浓缩至体积到5mL左右,蛋白溶液通过离心除去沉淀和空气之后,再上样进行分离纯化。设定程序,以流速1mL/min、以2mL每管收集洗脱液,并根据洗脱过程中的A_{280}吸收峰来分析蛋白的构象、确定蛋白的洗脱体积。对洗脱的蛋白质进行SDS-PAGE电泳检测,根据电泳结构收集目的蛋白。

4. 离子交换层析纯化:根据GFP在特定pH缓冲液中的带电性质,我们将利用阳离子或阴离子交换柱进行进一步的纯化,并分析GFP的带点性质。首先用低盐缓冲液A、高盐缓冲液B分别平衡A、B泵,并用缓冲液A平衡离子柱。平衡预装离子交换柱至基线平衡。将上一步纯化的蛋白溶液高速离心,去除沉淀和排除气体,然后上样。样品全上柱后用缓冲液A冲洗离子柱直到UV值降到不再变化,这表明未结合的蛋白质已经全部冲掉。然后用缓冲液B和缓冲液A形成盐离子强度梯度,将结合的GFP逐渐洗脱下来。同样,每管2mL收集蛋白洗脱液,SDS-PAGE电泳检测洗脱液样品,根据电泳结果收集目的蛋白溶液。

(三) GFP蛋白保存

将纯化好的蛋白溶液,用Aimico浓缩筒浓缩到一定浓度,然后用nano drop紫外分光光度计测定浓度,分装之后保存到-80℃冰箱备用。

六、思考题

1. 试分析各种层析柱在蛋白纯化过程中的原理和优缺点。
2. 比较SDS-聚丙烯酰胺凝胶电泳和双向电泳对蛋白质分离作用的区别。

参 考 文 献

R. R. 伯吉斯. 2013. 蛋白质纯化指南. 2 版. 陈薇等译. 北京:科学出版社.

http://shiyan.ebioe.com/gelchromatographymolecularmass.html

http://www.gelifesciences.com/webapp/wcs/stores/servlet/catalog/en/GELifeSciences/products/AlternativeProductStructure_17162/11001313.

http://www.nercb.cas.cn/product4/50.htmhttps://www.qiagen.com/us/resources/resource-detail?id=33d8c4da-5242-4fb5-91af-0dff24ba5d77&lang=en

Ormö M, Cubitt AB, Kallio K, et al. 1996. Crystal structure of the Aequorea victoria green fluorescent protein. Science, 273(5280):1392-1395.

实验二十八 竞争性等位基因特异性PCR检测单核苷酸多态性

一、实验目的与要求

1. 学习竞争性等位基因特异性PCR技术的原理及应用。
2. 熟悉实时荧光定量PCR仪的操作和等位基因分型分析。

二、实验原理与技术应用

便宜而准确的基因分型方法一直是遗传学检测研发的追求。应用于基因分型的技术主要有Taqman荧光探针法(被认为是基因分型的金标准)、Sequenome Massarray飞行时间质谱法及高分辨熔解曲线法。竞争性等位基因特异性PCR技术(competitive allele specific PCR, KASP)原理上类似Taqman荧光探针法, 也是基于终端(end point)荧光读取判断, 每次反应采用双色荧光检测一个样本的一个位点可能的基因型, 不同的等位基因对应不同的荧光产物, 所以这项技术的准确度与金标准Taqman一致。KASP技术与Taqman技术相比, 首先KASP技术应用ARM原理设计两个5′端引物(一个与等位基因1互补, 一个与等位基因2互补)和一条通用3′端引物, 在PCR扩增时, 引物的延伸是从其3′端开始的, 而这种延伸的进行要求引物3′端的碱基与模板需完全配对, 只有这样引物才能延伸, 扩增才得以进行下去而得到预期的扩增产物, 若引物3′端与模板不能配对, 则引物的延伸阻断, 不能得到相对应的扩增产物。设计的特异性引物通常长度为24~26nt, 会保证更高的特异性; 同时, 不需要对每个SNP位点去合成特异的荧光探针, 而是让所有的位点检测都使用通用荧光引物扩增(图28-1)。这样才能在保证准确的基础上显著地降低成本。

近年来, 基于NGS(next-generation sequencing)技术对特定物种大量样本进行全基因组测序, 通过与参考序列的比对发现并构建SNP数据库(database of single nucleotide polymorphisms, dbSNP)。然后根据SNP的位置和连锁情况设计高密度SNP微阵列芯片或NGS的靶向测序, 对大量样本进行全基因组范围的SNP基因分型, 来比较不同表型分组的大量样本之间存在的基因型差异, 经过统计学分析找到少量与表型紧密关联的SNP, 即是全基因组关联分析(genome wide association study, GWAS)。通常在GWAS研究的第二阶段, 要在更大数量的样本中对这些候选SNP进行基因分型, 而此时基因芯片和NGS技术则由于高成本而不太适合于这个阶段的研究; 另一方面, 经过多年的研究积累, 已经鉴定或筛选出了许多可以标记单基因遗传疾病基因、复杂疾病易感基因及农业重要性状基因的 SNP,这也需要开发出一种灵敏快速有效的 SNP 基因型分析方法来指导或者辅助治疗方案的建立和农业种群研究及育种等应用工作。

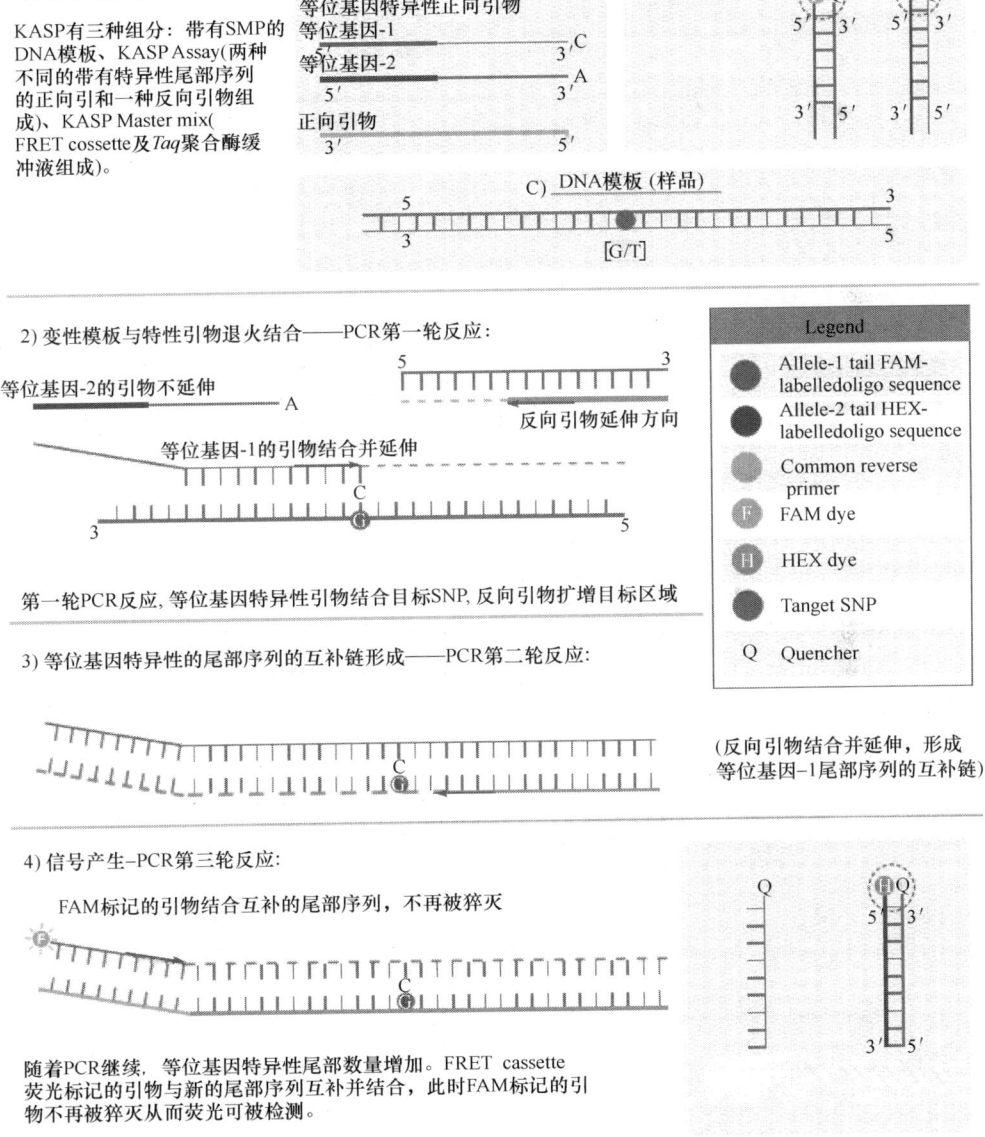

图 28-1　KASP 技术基本原理(改编自 Introduction to KASP Technology)

本实验以人 DNA 样本为材料,通过定量 PCR 与基因型分析,检测等位基因,旨在使同学们了解和学习竞争性等位基因特异性 PCR 技术及其应用。

三、主要仪器设备

定量 PCR 仪。

四、主要试剂

1. 样本基因组 DNA(人)。
2. 特定等位基因位点信息示例：

rs104893823 [Homo sapiens]

ACAGAGTTCCTGGAGTTCATGAAGG[A/G]TGTGGAGTAGATGCT-GACCTTCACC

基因：*TNNC1*。

等位基因：G(germline)/A(germline)；功能：错义突变；临床意义：致病。

3. 反应体系混合物(universal FAM and HEX labelled cassettes, DNA polymerase, ROX passive reference dye, dNTP, $MgCl_2$)，购自 LGC 公司。

五、实验方法与操作步骤

1. rs104893823 位点特异性引物设计(ThermoFisher 公司提供引物合成与荧光标记服务)：

Primer_Allele FAM：5′ GAGTTCCTGGAGTTCATGAAGGG 3′
Primer_Allele HEX：5′ AGAGTTCCTGGAGTTCATGAAGGA 3′
Primer_Common： 5′ GTGAAGGTCAGCATCTACTCCACA 3′

通用序列信息：

FAM tail： 5′ GAAGGTGACCAAGTTCATGCT 3′
VIC tail： 5′ GAAGGTCGGAGTCAACGGATT 3′

2. 通用 PCR 反应体系(表 28-1)

样本 DNA 用量 5～50ng。

表 28-1　PCR 反应体系

Plate format	384-well plate/μL	96-well plate/μL
DNA	2.5	5
KASP Master Mix	2.5	5
Assay mix	0.07	0.14
water	n/a	n/a
Total reaction volume	5	10

3. PCR 反应程序

(1) 94℃,10～15min；

(2) [94℃,20s;61～65℃,60s(每循环降低0.6℃)],循环10次；

(3) [94℃,20s;55℃,60s],循环26次；

(4) 选用终点检测法。

根据不同品牌的定量 PCR 仪的特点设定 PCR 反应的参数（选择实验类型 Genotyping，以及设定各种参数如检测的样本 ID、重复次数、阴性和阳性对照等）。

4. 结果分析：利用 KASP 的免费分析软件 SNPviewer 对检测结果进行分析，从而精确快速的获得样本个体的基因型，基因型分别是 A:A 纯合型、A:G 杂合型和 G:G 纯合型（图 28-2）。

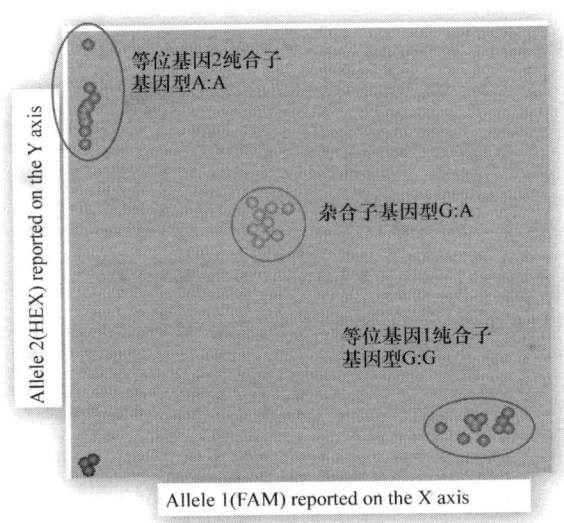

图 28-2　利用 SNPviewer 软件聚类分析各样本基因组 DNA 中 rs104893823 位点的基因型

六、思考题

1. 列举当前检测 SNP 基因分型的方法并简述各自的应用优势。
2. 阐述竞争性等位基因特异性 PCR 技术能否检测基因扩增或者基因缺失。

参 考 文 献

Bello M H, Moghaddam S M, Massoudi M, et al. 2014. Application of in silico bulked segregant analysis for rapid development of markers linked to Bean common mosaic virus resistance in common bean. BMC Genomics, 15：903.

Blanckenberg J, Ntsapi C, Carr J A, et al. 2014. EIF4G1 R1205H and VPS35 D620N mutations are rare in Parkinson's disease from South Africa. Neurobiol Aging,35(2):445 e441-443.

Cabral A L,Jordan M C,McCartney C A,et al. 2014. Identification of candidate genes, regions and markers for pre-harvest sprouting resistance in wheat (*Triticum aestivum* L.). BMC Plant Biol,14:340.

Chopra R,Burow G,Farmer A,et al. 2015. Next-generation transcriptome sequencing,SNP discovery and validation in four market classes of peanut,*Arachis hypogaea* L. Mol Genet Genomics,290(3):1169-1180.

Ertiro B T, Ogugo V, Worku M, et al. 2015. Comparison of kompetitive allele specific PCR (KASP) and genotyping by sequencing (GBS) for quality control analysis in maize. BMC Genomics,16:908.

Gascuel Q,Bordat A,Sallet E,et al. 2016. Effector polymorphisms of the sunflower downy mildew pathogen plasmopara halstedii and their use to identify pathotypes from field isolates. PLoS One,11(2):e0148513.

Graves H,Rayburn A L,Gonzalez-Hernandez J L,et al. 2015. Validating DNA polymorphisms using KASP assay in prairie cordgrass (*Spartina pectinata* Link). Populations in the U. S. Front Plant Sci,6:1271.

He C,Holme J,Anthony J. 2014. SNP genotyping:the KASP assay. Methods in Molecular Biology,1145:75-86.

Kadkhodazadeh M,Baghani Z,Ebadian A R,et al. 2013. IL-17 gene polymorphism is associated with chronic periodontitis and peri-implantitis in Iranian patients: a cross-sectional study. Immunol Invest,42(2):156-163.

Llorca-Cardenosa M J,Pena-Chilet M,Mayor M,et al. 2014. Long telomere length and a TERT-CLPTM1 locus polymorphism association with melanoma risk. Eur J Cancer, 50 (18): 3168-3177.

Neary M T,Neary J M,Lund G K,et al. 2014. Technical note: A comparison of DNA collection methods in cattle and yaks. J Anim Sci,92(9):3811-3815.

Pham A T,Harris D K,Buck J,et al. 2015. Fine Mapping and characterization of candidate genes that control resistance to cercospora sojina K. Hara in two soybean germplasm accessions. PLOS One,10(5):e0126753.

Ramirez-Gonzalez R H,Segovia V,Bird N,et al. 2015. RNA-Seq bulked segregant analysis enables the identification of high-resolution genetic markers for breeding in hexaploid wheat. Plant Biotechnol J,13(5):613-624.

Roef G,Taes Y,Toye K,et al. 2013. Heredity and lifestyle in the determination of between-subject variation in thyroid hormone levels in euthyroid men. Eur J Endocrinol,169(6):835-844.

Shavrukov Y. 2016. Comparison of SNP and CAPS markers application in genetic research in wheat and barley. BMC Plant Biol. 16 Suppl 1:11.

Shi Z, Liu S, Noe J, et al. 2015. SNP identification and marker assay development for high-throughput selection of soybean cyst nematode resistance. BMC Genomics,16:314.

Temesszentandrasi G, Voros K, Borocz Z, et al. 2015. Association of human fetuin-A rs4917 polymorphism with obesity in 2 cohorts. J Investig Med,63(3):548-553.

Valiunas V. 2013. Cyclic nucleotide permeability through unopposed connexin hemichannels. Front Pharmacol,4:75.

Webb A, Cottage A, Wood T, et al. 2016. A SNP-based consensus genetic map for synteny-based trait targeting in faba bean(*Vicia faba* L.). Plant Biotechnol J,14(1):177-185.

实验二十九　高压液相色谱法在食品安全、农药残留等分析中的应用

一、实验目的与要求

1. 学习和了解高压液相色谱法的原理和应用。
2. 熟悉高压液相色谱法的基本操作和结果分析。

二、实验原理与技术应用

高压液相色谱法（HPLC，亦称高效液相色谱法）是色谱法的一个重要分支。与常压色谱法技术一样，也包括流动相和固定相；所不同的是，色谱柱中固定相的填料颗粒小而均匀，待检测样品需在高压条件下通过流动相的洗脱，从固定相的顶端快速地分离和检测。

理论上，在合适的流动相的洗脱下，样品中各种化合物与固定相之间作用的大小不同，因此从固定相流出、进入检测器的时间亦不同；每一种化合物都有固定的出峰时间（保留时间）并显示出很好的重复性。对于待测样品中的已知化合物，通过与标准品比对能分析出所测样品中的化学成分和含量；而经 HPLC 分离的未知样品，可以经过质谱等手段进一步分析。

高效液相色谱法按分离机制的不同分为液固吸附色谱法、液液分配色谱法、离子交换色谱法、离子对色谱法及分子排阻色谱法。

HPLC 由输液泵、进样器、色谱柱、检测器和数据处理系统等组成（图 29-1）。可以根据所测样品性质选择不同填料的色谱柱。

图 29-1　高压液相色谱系统

鉴于HPLC具有高效、灵敏、检测范围广的特点，以及重复性好、不破坏待测样品等优点，其被广泛用于各种活性分子和代谢产物、食品添加剂、杀虫剂和有毒有害物质的分析。

本实验采用液固色谱法，即使用固体吸附剂，被分离组分在色谱柱上的分离原理是根据固定相对组分吸附力大小不同而分离，分离过程是一个吸附-解吸附的平衡过程。选用C18反相色谱柱，学生可以根据自己的兴趣，分别摸索以不同的流动相，分析鉴定饮料中色素和维生素C、茶叶中的茶多酚、化妆品中的添加剂等含量是否符合国家标准。

三、主要仪器和试剂

1. 主要仪器：HPLC为COM-6000(美国)，色谱柱(C18,250mm×4.6mm，粒度10μ)，超声波处理器(CBL-C3860A,中国)。

2. 主要试剂和耗材：甲醇(色谱纯)，超纯水，0.45μm 滤器等。

四、实验方法与操作步骤

山梨酸是国际粮农组织和卫生组织推荐的高效安全的防腐保鲜剂，已广泛地用于食品、饮料、酱菜、烟草、医药、化妆品、农产品、饲料等行业中。

本实验以HPLC测定零度可乐中山梨酸含量的不确定分析为例，学习高效液相色谱分析技术。

(一) 操作方法

1. 实验条件
(1) 流动相配比：甲醇：乙酸铵溶液(0.02mol/L)＝5：95($V:V$)
(2) 流动相流速：1mL/min
(3) 检测波长：254nm
(4) 进样量：20μL/次
(5) 柱体温度：室温 25℃左右

2. 标准曲线的制作
(1) 山梨酸标准液配制：分别配制浓度为1μg/mL、2μg/mL、5μg/mL、10μg/mL、20μg/mL 的山梨酸标准溶液。
(2) 山梨酸标准曲线制作：用流动相平衡层析柱直至基线后，按照上述实验条件分别进样，山梨酸出峰时间在15min处，其峰面积与浓度成正比(图29-2)。

3. 样品的测定
(1) 待测样品制备：待测样品的类别和材料不同，上样前的处理方法也不同；而共同的一点是，进样前皆为经0.45μm 滤器获得的滤液。

① 标注不含山梨酸的零度可乐先通过超声处理,去除可乐中的 CO_2。② 超声处理后的零度可乐,过滤膜(0.45μm)去除杂质,滤液作为进样液。

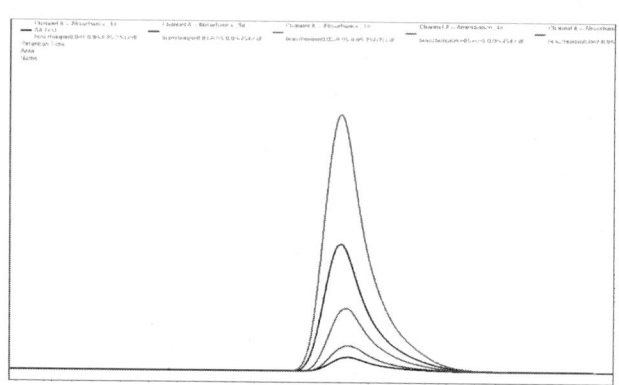

图 29-2　山梨酸浓度与吸收峰面积成正比

(2) 样品测定,方法同标准品,结果如图 29-3 所示。

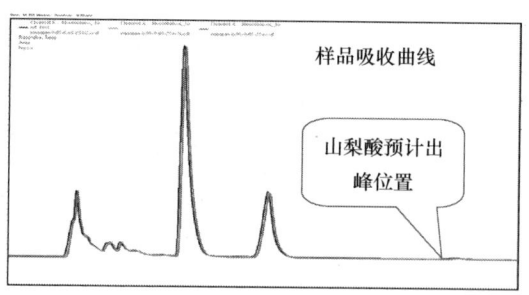

图 29-3　HPLC 检测零度可乐中山梨酸

4. 回收率的测定(方法同标准曲线,见图 29-4)

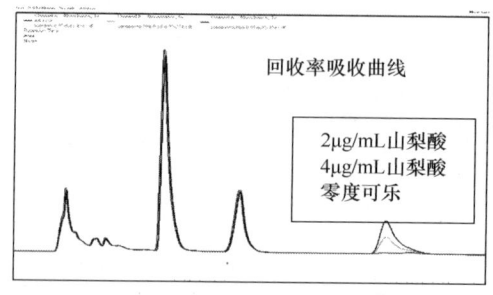

图 29-4　山梨酸和零度可乐回收率

5. 样品稳定性测定,方法同标准曲线。
6. 数据处理,根据数据处理系统与标准品比对,计算待测样品中化合物的浓度。

（二）注意事项

1. HPLC 流动系统在运行过程中是高压状态，为了保证流动系统达到预定的效果，应注意检查系统连接部分不渗漏，注意及时更换损坏的接头垫圈。

2. 所用有机试剂为色谱纯，水均为超纯水。为了避免小颗粒杂质进入仪器系统而带来的流动系统堵塞或渗漏增加检测器的噪声背景，流动相使用前需经 $0.45\mu m$ 滤膜过滤、超声波和真空抽气处理。

3. 待测样品进样前，必须是经过 $0.45\mu m$ 滤器过滤后的滤液。

4. 各种设置参数确定无误后，才能运行 HPLC 色谱仪，最大流速不超过 1mL/min。

5. 更换流动相或重新进样时，应该将原系统中的流动液冲洗干净，用新流动相重新平衡色谱柱。

六、思考题

1. HPLC 与经典的色谱法相比有何优点？
2. HPLC 达到理想结果的因素有哪些？

参 考 文 献

黄百芬,张文娟,沈向红.2005.高效液相色谱法同时测定酱油或饮料中的8种防腐剂和3种甜味剂.中国卫生检验杂志,15(10):1208-1211.

李金昶,路明昕,李力,等.2002.高效液相色谱法分离和测定面粉中增白剂过氧化苯甲酰.分析化学研究简报,30(7):833-835

林加涵,魏文铃,彭宣宪.2001.现代生物学实验(下册).北京:高等教育出版社.

王巍,葛延辉,刘思洁,等.2008.高效液相色谱法测定饮料中柠檬黄含量的不确定分析.中国卫生工程学,7(5):298-300.

实验三十 静电纺丝纤维膜的制备及其细胞亲和性评价

一、实验目的与要求

1. 掌握静电纺丝的基本原理。
2. 熟悉静电纺丝的基本操作。
3. 学习细胞培养的方法。
4. 学习生物材料细胞亲和性的评价方法。

二、实验原理与技术应用

组织工程是运用工程学和生物学原理,开发用于维护、改善和修复受损的组织与器官功能形态的一门生物替代学科。它被认为是组织和器官的缺损或功能障碍修复治疗的有效手段。组织工程的核心是建立由细胞、多孔支架和细胞因子构成的三维空间复合体,培养具有生命力的组织和器官,从而实现在形态、结构和功能等各方面对缺损及功能障碍组织器官的永久性置换与替代,最终改善人们的健康和生活质量。组织工程已经成功地用于骨、肌腱、血管、气管、神经、皮肤、肌肉、输尿管、心脏瓣膜等组织器官的修复。

组织工程用多孔支架应当具备比表面积高、结构疏松多孔、孔道连通性好的特点,可以为细胞的黏附提供更多的附着点,利于营养物的吸收和排泄物的排出;生物相容性好、毒性较低、无热源性、不会引起血栓产生和组织增生;材料降解速率可控,具有适当力学性能,为细胞提供理想的生长微环境。

目前,多孔支架的制备方法有溶剂浇铸法、快速成型法、气体发泡法、非织造构造法和静电纺丝等。

静电纺丝可以制备连续均匀且直径为微米、纳米级的纤维;它具有高比表面积,这一特性可以使支架携带并释放药物、蛋白质、核酸等多种生物化学物质,同时高比表面积增加了细胞和纤维的接触面积,使细胞能更好地吸收这些物质,从而调控细胞生物学行为。较大的比表面积和较高的孔隙率利于生物大分子的黏附、铺展,以及细胞与环境之间的物质交换;纳米纤维支架具有高渗透性,有利于营养物质渗透及细胞摄取和代谢产物排出;能够负载多种生物活性因子,良好的生物相容性和降解的可控性使支架材料选择范围更加宽泛。因此,静电纺丝纳米纤维具有独特的优势。

静电纺丝原理是带电聚合物在强电场下高倍拉伸,随着电压增大,电场逐渐增强,喷丝头处的液滴逐渐拉伸,当电压达到某个值时,液滴拉伸状态达到平衡形成泰勒锥。带电液滴在电场力作用下,从泰勒锥尖端喷出,形成高速射流。高速射流在运动过程中溶剂不断挥发并且受到电场力的拉伸作用,使射流的电荷密度逐渐增大,从而使电荷间的静电排斥力逐渐增大,最终使之细化分裂。达到目标电极时得到静电纺丝纤维。

通过静电纺丝技术所获得的纤维,直径分布一般在几纳米至几微米之间,由这些纤维构成的膜材料具有三维立体空间结构。它不仅具有纳米颗粒的尺寸微小、比表面积高等优点,同时还具有机械稳定性能好、纤维膜孔径小、空隙率高、纤维连续性好等特性。

静电纺丝装置主要由三部分组成:高压电源、供液系统、接收器(图30-1)。其中,高压电源是为了使聚合物溶液带电和产生静电场,一般使用高压直流电源。供液系统一般由压力泵和注射器组成。接收器通常接地,用于接收得到的电纺纤维,现在一般常用滚筒式接收器。

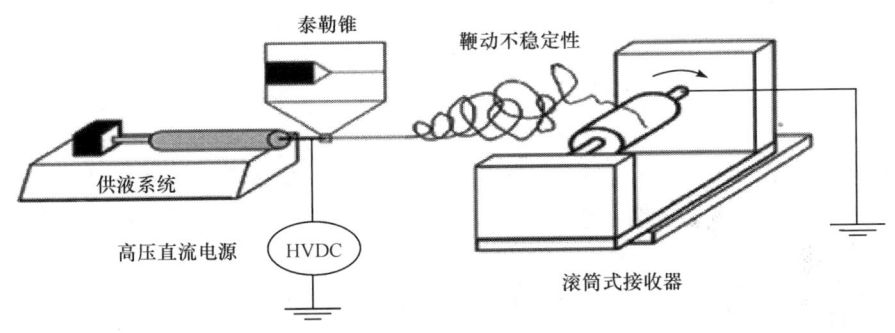

图30-1 静电纺丝装置示意图

本实验以生物可降解医用高分子聚己内酯(polycaprolactone,PCL)为原料,配制一定浓度的电纺液,通过静电纺丝的方法制备纤维膜支架材料,并且在纤维膜膜支架材料上种植细胞,通过细胞黏附、细胞铺展和细胞增殖等行为,考察纤维膜支架材料的细胞亲和性。

三、主要仪器设备

静电纺丝装置、倒置显微镜、超净台、扫描电子显微镜、台式离心机、荧光显微镜、激光共聚焦显微镜、酶标仪。

四、主要试剂

1. 三氯甲烷
2. 无水甲醇

3. 无水乙醇

4. DMEM 细胞培养基

5. 胎牛血清(FBS)

6. 胰酶

7. 生理盐水

8. DiI(细胞膜红色荧光探针)

9. 4%多聚甲醛

10. Triton X-100

11. 2.5% 戊二醛

12. FITC-鬼笔环肽

13. DAPI 封片剂

14. 3-(4,5-二甲基噻唑-2)-2,5-二苯基四氮唑溴盐(MTT)

15. 二甲基亚砜(DMSO)

五、实验方法与操作步骤

（一）电纺液的配制

称取一定质量的生物医用高分子原料聚己内酯，加入三氯甲烷和无水甲醇溶液，密封搅拌直至成为透明电纺液。

（二）支架材料的制备

用注射器抽取静置后的电纺溶液，并将其固定于微量注射泵上，静电纺丝条件为：流速 2.0mL/h，体积 2mL，电压 16kV，针头内径 2mm，接收距离 20cm。

（三）支架材料的形貌观察

支架材料进行真空干燥，通过扫描电子显微镜观察其纤维形貌。

（四）支架材料的无菌处理

将电纺膜用模具制成直径 1cm 的圆片，置于超净台内，紫外照射过夜，灭菌待用。

（五）细胞复苏及培养

选用平滑肌细胞、3T3 成纤维细胞。使用添加 10% FBS 的 DMEM 培养基对细胞进行复苏和传代培养。

(六) 支架材料细胞亲和性的评价方法

1. 平滑肌细胞黏附实验

(1) DiI 细胞染色

① 配置 DiI 工作液 5mL(25μL DiI 储液溶于 PBS/生理盐水)。

② 常规消化对数生长期细胞,离心弃去上清。

③ DiI 工作液悬浮细胞,37℃染色 15min。

④ 1500r/min 离心 5min,弃去染液。

⑤ 10mL PBS 洗涤细胞,静置 2min,1500r/min 离心 5min,弃去染液。

⑥ 重复步骤⑤一次。

(2) 细胞培养

在装有纤维膜样品的 48 孔细胞培养板中,每孔加入 500μL 含有经 DiI 标记的 5×10^4 个平滑肌细胞,37℃孵育 2h,然后吸去溶液,PBS 润洗 2 次,4% 多聚甲醛固定样品 10min,荧光显微镜观察。

2. 平滑肌细胞铺展实验

在装有纤维膜样品的 48 孔细胞培养板中,每孔加入 500μL 的 5×10^4 个平滑肌细胞,37℃孵育 4h,然后吸去溶液,PBS 润洗 2 次,支架材料中的细胞一部分用 FITC 进行荧光标记,使用激光共聚焦观察细胞形态;另一部分细胞用 2.5% 的戊二醛溶液进行固定,梯度乙醇脱水后,使用扫描电子显微镜进行形貌观察。

(1) FITC-鬼笔环肽标记细胞骨架步骤:

① 常规消化对数生长期的细胞。

② 在 37℃条件下,使用 PBS 洗涤细胞 2 次,每次 10min。

③ 4% 多聚甲醛固定细胞 20min。

④ PBS 洗涤细胞 2~3 次。

⑤ 0.1% Triton X-100 破膜 5min,然后用 PBS 洗细胞 2~3 次。

⑥ 2~2.5μg/mL FITC-鬼笔环肽染细胞 30~60min,每张膜用 20~50μL,然后用 PBS 洗细胞 4~5 次。

⑦ 取出材料并将其置于载玻片上,用 DAPI 封片剂对样品封片。

(2) 戊二醛溶液固定细胞方法

① 吸去孔板内染液,PBS 润洗细胞 3 次。

② 材料置于 2.5% 的戊二醛溶液,4℃过夜。

③ 取出材料,PBS 润洗细胞 3 次。

④ 将材料依次放入 50%、60%、70%、80%、90%、100% 乙醇溶液中,每次 5min。

⑤ 脱水的材料置于真空干燥器,SEM 进行形貌观察。

3. 3T3 细胞增殖实验

在装有纤维膜样品的 48 孔细胞培养板中,每孔加入 300μL 含 1×10^4 个 3T3 DMEM 培养基,37℃孵育。每 2 天换液,在 1 天、3 天、5 天,使用 MTT 法检测细胞数量。

(1) MTT 配制

取 50 mg MTT 溶于 10mL PBS 溶液中,得到浓度为 5mg/mL 的 MTT 溶液,0.22μm 滤膜过滤灭菌,避光 4℃保存。

(2) MTT 检测

每孔加入 5mg/mL 的 MTT 溶液 50μL,37℃培养 4h;吸弃所有溶液,加入 DMSO 溶液 300μL,37℃振荡 30min,使紫色结晶溶解;从每孔吸取 50μL 至 96 孔板,在酶标仪上读取 490nm 处的吸光值。

4. 结果分析

六、思考题

1. 试分析静电纺丝制备生物医用材料的依据。
2. 说明生物医用材料细胞亲和性评价方法。

参 考 文 献

汪成伟,邵珠帅,王飞龙,等. 2014. 静电纺丝纤维应用的研究进展. Micronanoelectronic Technology,51(12):770-775.

徐志伟,谭燕,吴昊,等. 2014. 小口径人工血管支架材料:问题与前景. 中国组织工程研究,18(3):452-457.

Hasan A, Memic A, Annabi N, et al. 2014. Electrospun scaffolds for tissue engineering of vascular grafts. Acta Biomater, 10(1):11-25.

Langer R, Vacanti J P. 1993. Tissue engineering. Science, 260:920-926.

Ndreu A, Nikkola L, Ylikauppila H, et al. 2008. Electrospun biodegradable nanofibrous mats for tissue engineering. Nanomedicine (Lond), 3(1):45-60.

Niu G, Sapoznik E, Soker S. 2014. Bioengineered blood vessels. Expert Opin Biol Ther, 14(4):403-410.

Reneker D H, Yarin A L, Fong H, et al. 2000. Bending instability of electrically charged liquid jets of polymer solutions in electrospinning. Journal of Applied Physics, 87(9):4531-4547.

Travis J, Horst A, Von Recum. 2008. Electrospinning: applications in drug delivery and tissue engineering. Biomaterials, 29:1989-2006.